U0919837

中国旅游发展年度报告书系
Annual Development Report of China's Tourism

中国入境旅游发展年度报告 2013

ANNUAL REPORT OF CHINA INBOUND TOURISM DEVELOPMENT 2013

国家旅游局旅游促进与国际合作司
中国旅游研究院

北京·旅游教育出版社

《中国入境旅游发展年度报告2013》编辑委员会

《中国入境旅游发展年度报告2013》编写组

主 编 蒋依依 中国旅游研究院国际旅游研究所负责人 副研究员 博士

徐海军 国家旅游局旅游促进与国际合作司市场调研处 处长 博士

执行主编 李创新 中国旅游研究院国际旅游研究所 博士

成 员 马仪亮 杨劲松 杨丽琼 宋慧林 宋越平 张 敏

郑艳军 吴雪清 赵培昌 张若杨 姜敏斐

老百姓的“中国梦”，入境旅游的新动力

——序《中国入境旅游发展年度报告2013》

入境旅游是衡量从旅游大国走向旅游强国的基础性指标，是国际旅游竞争力的重要载体，也是旅游业融入国家战略体系的切入点。改革开放以来，中国的入境旅游发展取得了巨大成就：入境旅游人数与入境旅游外汇收入从1978年的181万人次、2.6亿美元分别增长到2012年的1.32亿人次和500.28亿美元，分别增长了72倍与191倍。从国际比较上说，中国的入境过夜游客人数与入境旅游外汇收入已分别位列世界第三与世界第四。入境旅游的发展，不仅向世界展现了中国的自然与人文资源，而且促进了国内旅游市场和出境旅游市场的相继崛起，为2009年旅游业融入国家战略体系奠定了坚实的产业基础和市场基础。

在历经高速发展之后，中国的入境旅游开始呈现出相对平稳的发展态势，这一点引起了各级旅游主管部门以及众多经营入境旅游业务的企业高度关注。如果以理性的思维来看待这一现象，大可不必为此唏嘘不已：世界上没有任何一样事物可以永久地持续高速增长。中国入境旅游在经历高速发展之后逐渐复归常态增长阶段，是正常的现象。近些年来，入境旅游接待人数增长率从2001—2005年的年均7.91%，降至2006—2010年的年均2.21%，2011年的1.24%，以及2012年的-2.23%。为什么用“常态”和“复归”来描述当前入境市场特征呢？主要看客源市场结构和空间格局的战略调整，港、澳、台地区市场在入境市场中所占份额下降，外国市场在入境市场中所占份额上升，尤其远程客源市场的份额上升更加明显，都表明中国的入境旅游正不断接近真实的国际旅游状态。

在理性评判入境旅游发展业绩的基础上，我们必须清醒地认识到——入境旅游以往的发展业绩，更多地可以被概括为是“封闭红利”，这种“封闭红利”显然是建立在对差异性深入挖掘的基础之上。入境旅游曾经的高速发展，其本质仍然是“封闭红利”下的顺势而为。我们在以往的产品开发与宣传推广工作中，往往过分地强调了差异性——无论是长城、故宫、兵马俑，还是桂林山水、长江三峡、大熊猫，都是指向人文遗产或者自然遗产，我们一厢情愿地认为，那些能构成差异性的旅游要素必然就是最具价值的旅游吸引物。因此，在相当长的时期内，对外宣传工作一直都在有意或者无意地强化这种差异性。我们一直在极力宣传一个“传统的中国”，留给境外游客更多的印象却是一个“落后的中国”和“贫穷的中国”。乃至今日，无论是在对传统资源的挖掘还是对创新性产品的策划中，我们更多的是对表演内容而非生活常态的展现。事实上，国际旅游的发展经验表明，在旅游休闲越来越成为一种生活方式或者日常生活组成部分的今天，游客重复消费的往往是以差异性为基础的相似性产品。作为最主要的国际客源市场，发达国家的游客更倾向于选择生活方式相似的国家，在发达国家之间，客源地和目的地同构的现象和趋势已越来越明显。《中国入境旅游发展年度报告2013》显示，2012年67%的国际旅游人数和63%的国际旅游外汇收入是在欧美发达国家之间产生和消化的。因此，在惯常环境中的生活也好，在非惯常环境中的旅游也罢，赋予日常生活以积极意义应该成为我们的终极目标。

2012年11月，党的十八大报告提出了两个“百年奋斗目标”：到2021年，也就是建党一百年的时候全面建成小康社会；到2049年，即新中国成立一百年时建成富强、民主、文明、和谐的社会主义现代化国家。两个百年目标的“中国梦”意味着中国未来将成为一个更加现代化的中国，一个与国际主流社会更加接轨的中国，意味着中国从此将更加自信，也必将更加关注民生。沿着这个思路，我们就会清醒地发现国富民强才是对中国最好的宣传。如果说曾经的“封闭红利”激发了境外游客到中国来了解“中国是什么”的欲望，那么“中国梦”将进一步激发境外游客认识“中国将是什么”的原动力。人民的富裕和国家的强盛，事实上就是为中国的入境旅游做了最好的宣传。

“中国梦”是民族的梦，归根结底是广大人民群众的梦，老百姓的富裕文明以及新型城镇化的发展都会让以城乡居民生活为代表的非传统旅游资源更具吸引力。不同于以往入境团队旅游的“封闭型”发展模式，即游客只能坐着大巴车从酒店到景区再回到酒店，与现实生活的惯常环境完全隔离开来，而是让境外游客体验老百姓的生活方式，走一条“开放型”，即游客与居民日常生活零距离接触的新型发展道路。会有越来越多的国际游客认识到，中国是传统的，也是现代的；中国是神秘的，也是可以触摸的；中国是总体的，也是微观、具体的。

伴随着公共服务型政府的建设，旅游主管部门在入境旅游领域的管理职能须日益聚焦于宏观层面的规划引导、对内的统筹指导和对外的国家旅游形象宣传推广。要在认真研究国内外发展经验的基础上，科学编制并阶段性地总结与完善国家入境旅游发展的战略规划。积极探索把国家旅游形象作为国家形象的重要载体，加强对外宣等相关部委的统筹协调能力。适时开展旅游目的地城市知名度调查和营销绩效评价，以搭建统一的推广平台为工作重点，强化对地方旅游部门的统筹力度。在具体的宣传推广过程中，我希望能够告诉境外游客一个美丽而真实的中国，特别是当代中国老百姓的常态化生活方式。让更多的境外游客在来到中国以后，能够在高铁、动车、旅游巴士、出租汽车、星级酒店、景区景点，乃至于在街头巷尾、蔬菜市场、食品超市、影剧院、歌剧院等地方真实地触摸和感受到中国老百姓的日常生活。

中国旅游研究院院长、博士

2013 年 10 月 6 日

目录

CONTENTS

导　言

2012 年中国入境旅游发展概况

一、入境旅游进入平稳理性的增长阶段，市场结构进一步优化

（一）入境旅游的增长速度相对放缓

2012 年，我国接待入境游客 13240.53 万人次，同比下降 2.23%；接待入境过夜游客 5 772.49 万人次，同比增长 0.25%，规模总量继续保持世界第三的位序，仅次于法国和美国；接待入境外国游客 2719.16 万人次，同比增长 0.29%，维持平稳发展。2012 年，我国入境旅游实现外汇收入 500.28 亿美元，同比增长 3.23%，继续保持世界第四的位序，仅次于美国、法国和西班牙。伴随我国入境旅游的规模不断壮大，入境旅游的增长速度相对放缓。2012 年，虽然入境旅游出现小幅波动，但入境旅游市场整体依旧呈现相对平稳的发展态势，标志着我国入境旅游已开始进入平稳、理性的增长阶段。

（二）入境旅游的市场结构进一步优化

在国内旅游和出境旅游持续高速增长的背景下，2012 年，入境旅游在三大市场中的比例份额相对下降。2012 年，入境旅游在三大市场中占比为 4.17%，比 2011 下降 0.66% 的市场份额，但是还应看到 2012 年入境旅游市场的发展和进步。虽受国内外各种因素影响，入境旅游发展下行压力增大，但 2012 年入境旅游市场的结构在不断优化，效益在逐步提升，入境旅游市场取得持续健康发展。

（三）主要客源国构成基本稳定，远程市场份额上升

从入境外国游客的客源构成来看，主要客源国构成相对稳定，大多为近程客源市场，但远程客源市场的上升态势也逐步显现。超过四成的入境客源市场集中在四大客源国（韩国、日本、俄罗斯、美国），接近七成的入境客源市场集中在前十大客源国（韩国、日本、俄罗斯、美国、马来西亚、越南、新加坡、蒙古、菲律宾、澳大利亚）。2012 年入境旅游的亚洲客源为 1664.88 万人次，同比下降 0.01%；美洲客源为 317.95 万人次，同比下降 0.67%；欧洲客源为 592.16 万人次，同比增长 0.18%；大洋洲客源为 91.49 万人次，同比增

长6.47%；非洲客源为52.49万人次，同比增长7.39%。

二、全球国际旅游逐步复苏，我主要客源国旅华市场增减不一

（一）全球国际旅游首次突破10亿大关

2012年国际入境旅游人数继续稳步增长，首次突破10亿大关，达到10.35亿人次，比2011年的9.96亿人多出3900万国际游客，同比增长了4%。此外，联合国世界旅游组织（UNWTO）的统计结果显示，在搜集的149个样本国家中，旅游人数上升的国家有124个（占83%），旅游人数下滑的国家有25个（占17%）。

（二）亚太地区正逐渐成为国际旅游的热点地区

亚太同欧洲、北美一道，成为国际三大旅游热点地区。在国际旅游人数的地区结构中，欧洲所占比例最高（51.7%），其次是亚太（22.5%）和美洲（15.7%）。国际旅游客流向中东欧、亚太、北非等地区流动加速。从全球旅游客流分布来看，2012年除了中东和北欧，其余地区都呈现良好的增长态势，其中增长最快的是中/东欧、北非、南亚和东南亚地区。亚太地区正逐步成长为国际旅游的集聚地。从接待国际游客贡献看，2012年整个亚太地区的旅游客源增长都较为迅速，东南亚和南亚地区旅游客源增长速度最快，东北亚和太平洋地区的旅游客源增长紧随其后。国际旅游客流向新兴经济体国家流动加速。2012年新兴经济体入境旅游人数同比增长率达4.1%，高于发达经济体3.6%的同比增长率，表明国际旅游客流向新兴经济体国家的流动速度快于向发达经济体国家的流动速度。

（三）我国主要客源国旅华市场增减不一

远程客源市场增长显著，近程客源市场增长乏力。2012年，韩国旅华406.99万人次，累计同比下降2.76%。2012年，日本赴中国旅游351.82万人次，同比下降3.83%。2012年，俄罗斯来华旅游242.62万人次，同比下降4.34%。虽然俄罗斯旅华客源总量出现下滑，但客源质量有所提高，俄罗斯欧洲部分和中部地区赴华游客数量增长5%。2012年，美国来华旅游211.81万人次，同比增长0.09%；新加坡赴华旅游人数为102.77万人次，同比下降3.32%；澳大利亚到访中国游客累计达77.43万人次，同比增长6.63%；德国

旅华人数 65. 96 万人次，同比增长 3. 55%；泰国旅华人数达到 64. 76 万人次，同比增长 6. 50%；英国赴华游客总数达到 61. 84 万人次，同比增长 3. 80%；法国旅华游客数量 52. 48 万人次，同比增长 6. 43%。

三、入境旅游空间布局相对失衡，客流扩散路径逐步多样化

（一）入境旅游的热点区域仍是我国的东部地区和中西部的少数热点省区

入境旅游客流高度集中于东部地区。2012 年广东省接待入境游客 3489. 43 万人次，占全国的 30. 01%，居各省区之首。2012 年接待入境游客人次排名前 10 位的省区（市）依次为广东、浙江、江苏、上海、北京、福建、辽宁、山东、云南、广西。这 10 个省区（市）接待入境游客数量占全国的 73. 49%，省区（市）排名与 2011 年相比略有变动——辽宁上升一位。入境旅游外汇收入的东西部差异十分显著。2012 年广东省入境旅游外汇收入为 156. 11 亿美元，占全国旅游外汇收入的 23. 47%，居各省区之首。2012 年入境旅游外汇收入排名前 10 位的省区（市）依次为广东、江苏、上海、浙江、北京、福建、辽宁、山东、天津、云南。这 10 个省区（市）实现旅游外汇收入占全国的 78. 61%，省区排名与 2011 年相比略有变动——江苏、浙江均上升一位。入境外国游客除青睐东部地区以外，也偏爱中西部的少数热点省区（市）。2012 年广东省接待外国游客 773. 05 万人次，占全国的 12. 09%，位居各省区（市）之首。2012 年接待外国游客人次排名前 10 位的省区（市）依次为广东、江苏、浙江、上海、北京、辽宁、山东、云南、陕西、黑龙江。这 10 个省区（市）接待游客数量占全国的 68. 54%，省区（市）排名与 2011 年相比略有变动——江苏、浙江、陕西的排名均上升一位。

（二）入境客流的扩散路径以热点城市为主，同时逐步呈现多样化

入境游客以北京为节点向其他城市扩散主要集中在四个方向：东南向、西南向、东北向、南向；入境游客以北京为节点有 20 条主要扩散路径，其中以“北京→上海→西安”路径最为典型。入境游客以上海为节点向其他城市扩散主要集中在五个方向：北向、南向、西北向、西向、西南向；入境游客以上海为节点有 25 条主要扩散路径，其中以“上海→北京”路径最为典型。入境游客以广州为节点向其他城市扩散主要集中在五个方向：北向、省内、东北向、西北向、西向；入境游客以广州为节点有 24 条主要扩散路径，其中以“广州→北京”路径最为

典型。入境游客以西安为节点向其他城市扩散主要集中在五个方向：东向、西南向、东北向、南向、西北向；入境游客以西安为节点有25条主要扩散路径，其中以“西安→上海”路径最为典型。入境游客以成都为节点向其他城市扩散主要集中在五个方向：东向、北向、东北向、东南向、省内以及南向；入境游客以成都为节点有25条主要扩散路径，其中以“成都→上海”路径最为典型。入境游客以重庆为节点向其他城市扩散主要集中在五个方向：西向、东向、北向、东北向、南向；入境游客以重庆为节点有25条主要扩散路径，其中以“重庆→成都”路径最为典型。入境游客以桂林为节点向其他城市扩散主要集中在五个方向：东北向、西北向、西向、东南向、北向；入境游客以桂林为节点有25条主要扩散路径，其中以“桂林→上海”路径最为典型。入境游客以昆明为节点向其他城市扩散主要集中在四个方向：东向、北向、东北向、省内及西向；入境游客以昆明为节点有20条主要扩散路径，其中以“昆明→桂林”路径最为典型。

四、供给与需求的结构性矛盾应该得到高度重视

（一）市场需求的“休闲主导”特征明显

当前，来中国的入境游客更加注重休闲的经历，更加向往原生态的文化与自然，也更加要求轻松体验厚重的中华文化。相对于20世纪80年代和90年代来中国旅游的文化积淀相对较深的以中老年游客为主体的客源市场而言，当前的入境客源市场无论是在消费心理还是在消费模式等方面都在发生悄然的变化。

（二）市场供给的“资源主导”和“资本主导”惯性持续

我国西部的世界遗产和国家5A级旅游景区多是资源密集型，我国东部的世界遗产和国家5A级旅游景区多表现为资本密集型，我国中部的世界遗产和国家5A级旅游景区则呈现资源和资本的混合型。旅游景区的“资源主导”和“资本主导”间接地导致了星级酒店分布的“资源主导”和“资本主导”倾向。与此同时，旅游景区的“资本主导”倾向也间接导致了旅行社进一步向经济发展水平高的地区聚拢。

（三）供给与需求之间的结构性矛盾应该得到高度重视

国际旅游市场目前的需求趋势是“度假为主，观光为辅”，呈现倒弓形。

我国以观光为主的旅游供给结构体系多年来变化不大，尽管休闲度假有所增长，但总体格局仍然是“观光为主，度假为辅”，呈现弓形。我国当前的资源特质决定了在相当长的一段时间里，“资源主导”以及“资本主导”的旅游供给倾向仍将持续下去，但为长远计，“观光主导”的单一模式必须得到改变。

五、入境旅游营销的“中国经验”独具特色

（一）加强顶层设计和统筹，建立旅游市场宣传推广体系

出台指导性文件，编制中长期发展规划，推出国家旅游整体形象，启动旅游推广网站建设，启动旅游宣传推广评价机制建设，举办全国旅游市场处长培训班。

（二）注重基础建设与改革创新，推进重点市场工作

努力开拓境外参展及推广活动新局面，通过大型活动做好市场宣传和推广，不断加强市场基础研究工作，改进和完善旅游宣传品制作，加强部门间宣传推广合作。

（三）借助“旅游主题年”推动旅游产品升级和市场营销创新

2012 年的入境旅游营销宣传围绕着“中国欢乐健康游”这一主题，倡导旅游“修身养性、强健体魄”的理念。国家旅游局制作了涵盖我国东西南北中主要旅游资源的宣传片，以长城、兵马俑、上海外滩、丝绸之路、长江三峡等著名景点和旅游产品为主线，融合了欢乐健康的主题，开展了多场集中区域、集中时段对重点客源市场的宣传推广活动，加大入境市场开发力度，对推动我国入境旅游市场的平稳增长起到了积极的作用。

（四）服务外交大局、旅游业发展和市场需求，提高旅游国际合作层次

积极推动旅游合作文件签署及 ADS 工作，借助国际合作平台服务市场发展需要，拓展国际合作空间，提升国际话语权，妥善应对涉外旅游事件。

（五）创新海外宣传模式，积极应对国际竞争

2012 年国家旅游局组织专门旅游推广团在欧洲德语区包括德国慕尼黑、法兰克福，瑞士苏黎世，奥地利维也纳等地举办了“丝绸之路”专项旅游推介活动，推广中国旅游形象，展开中外业界交流。依靠精心设计的活动方案，积极

创新活动模式和工作流程，以市场调研为基础，调动市场主体力量，通过先期广告预热造势，确保中外人员专场预约洽谈质量。

（六）通过国际旅游交易会推动中国进一步走向世界

在全球经济复苏乏力的背景下，2012 中国国际旅游交易会受到目的地国家和地区的高度重视，吸引了 104 个国家和地区的 2500 余家旅游企业和旅游机构前来展示产品、洽谈交易，为推动世界旅游加强合作、健康发展，为推动中国旅游走向世界、服务世界，发挥了重要作用。中国国际旅游交易会对展示旅游资源和产品、促进旅游国际交流与合作、推动旅游业全面发展具有重要意义。

（七）举办全国范围的旅游市场营销专业培训班

2012 年国家旅游局举办了全国范围的旅游市场营销专业培训班，为学员分析了当前国际和国内旅游市场发展形势，强调了旅游市场工作的基础性地位，明确了市场队伍建设的重要性。围绕目的地品牌建设、旅游新产品开发、体验式营销推广、旅游创新传播、会展旅游经济等题目，进行了内容充实、形式新颖的授课。为进一步拓展入境市场奠定了良好的人才基础。

（八）鼓励地方旅游局创新宣传模式，丰富宣传手段

加强对微博的运用，认识网络营销的重要意义，积极推进旅游微博的建设。目前，各地旅游官方微博均通过了新浪、腾讯微博的官方认证，通过微博这个平台，推介各地的旅游快讯、景点动态、特色美食、旅游购物、节庆活动等旅游要素，在网友及时了解当地旅游的特色及活动信息时，也能获悉网友的反馈意见。同时，地市级旅游系统的官方微博已统一到省级旅游官方微博群里，所有有关旅游的信息能够更快捷地通过微博群发布出去。同时，参与活动推广的微博可以涉及报业、旅行社、景区等各个方面，及时传达消息，形成统一合力，共同促进旅游行业的发展，是 2012 年国家层面的旅游工作借助新型的营销推广手段所达到的显著效果。

六、中国入境旅游发展趋势分析

（一）在全球范围内，国际旅游的重心将继续向新兴经济体国家转移

2013 年，新兴经济体的入境旅游人数将继续增长，与发达经济体之间的差

距将进一步缩小。国际旅游客流向新兴经济体流动的速度有望进一步加快，国际旅游的重心将继续向新兴经济体转移。

（二）从国内形势来看，“三大市场”的竞争格局仍将持续

近年来，国内旅游和出境旅游发展方兴未艾，国内旅游直接与入境旅游在资源获取上相互竞争。在相对收益比较上，入境旅游难以获得更多的关注，在产品开发和相关设施优化上入境旅游仍将面临较大的约束。

（三）从发展业绩来看，中国入境旅游正面临求新求变的关键节点

2007—2012 年，入境游客规模总量保持反复波动的运行模式。这种波动模式，一方面，展现了我国入境旅游发展平稳理性的成熟特征，尽管规模有所起伏，但是波动并不剧烈，增减幅度局限在一个较小的范围内，总体上增长幅度大于下降幅度；另一方面，入境游客规模的起起伏伏，预示着入境旅游发展已然面临求新求变的关键节点，正在积蓄力量寻求突破当前往复震荡的发展空间。

（四）从客源构成来看，结构性调整和区域性优化的趋势愈发显著

一方面，入境旅游的客源市场结构整体保持稳定，另一方面，入境游客的客源市场增长率正在发生一些潜移默化的改变。正是这些看似微不足道的微小变化，推动了入境旅游的远程客源市场与近程客源市场的同步成长，推动入境旅游的新兴客源市场与传统客源市场的同步成长，推动入境旅游逐步进入客源市场的结构性调整和地域空间的结构性优化发展阶段。

（五）从发展战略来看，“改革红利”将为入境旅游发展提供更为强大的原动力

20 世纪改革开放以来的“封闭性红利”激发了国际游客来到中国了解“中国是什么”的欲望，而“中国梦”的实现过程将激发国际游客认识“中国将变成怎样”的原动力。在“中国梦”的支撑下，新一轮的“改革红利”将取代曾经的“封闭红利”，为中国入境旅游发展提供更为强大的动力。

（六）从产业要素来看，生态文明建设和“美丽中国之旅”将为入境旅游提供最佳机遇期

新型城镇化的发展将推动城市与农村硬件与软件环境建设，“宜居的才是宜

游的"，软硬件设施的建设和完善会为入境旅游发展形成有效支撑。综合交通运输网络建设、接待设施建设、环境保护建设和信息化基础设施建设等一系列公共服务体系与商业接待体系的不断完善，会为入境旅游发展创造更好的外部服务空间。中国人民在享有丰富物质文化生活的同时，将通过大力加强生态建设，展示中华大地"山更绿、水更清、天更蓝、空气更清新、社会更和谐"的美丽形象。

（七）从影响因素来看，非经济因素对入境旅游的重要程度显著上升

经济因素固然仍是影响我国入境旅游的最重要因素，2013 年世界经济形势、我国主要客源地的经济景气程度、我国与客源地的 CPI 和汇率水平等经济因素决定了入境旅游发展的基本面，但其重要性正趋于下降。与此同时，我国与客源地的政治、社会和文化风俗等非经济因素的重要性显著上升。未来常态化的不确定事件将更加凸显非经济因素对入境旅游的影响力。

七、中国入境旅游发展建议

（一）坚定发展入境旅游的决心与信心

在新的发展时期，入境旅游发展虽然遭遇了前所未有的挑战，同样也迎来了前所未有的机遇。国家发展入境旅游的决心从未动摇，"中国梦"重新坚定了我们发展入境旅游的信心。在"中国梦"的战略支撑下，入境旅游必将以全新的面貌迎来全新的发展，中国必将向世界展现中华民族伟大复兴的系列成就。

（二）加快体制机制创新，变革旅游宣传推广工作模式

在国家层面，不断加大旅游宣传推广工作力度，同时要切实监督各级旅游行政管理机构对外宣传促销的工作绩效。创新海外参展工作模式，将企业推到宣传推广活动的前沿，推动企业借助政府搭建的平台开展实际业务。在地方层面，调动地方积极性，发挥市场主体作用。在国家入境旅游市场中长期发展规划的框架下，积极推动有条件的省区市出台发展入境旅游的政策措施并研究制定入境旅游市场开发战略，适时总结推广好的经验和模式。

（三）从战略高度系统营销“美丽中国之旅”

在国家层面，国家旅游局积极推进“美丽中国之旅”工作方案。在国家旅游局牵头参加的国际旅游展、专项促销活动以及驻外办事处牵头参加的国际旅游展中重点推介“美丽中国之旅”；在2013中国国际、国内旅游交易会中突出宣传“美丽中国之旅”；利用旅游与外宣、文化等战略合作平台，旅游多双边国际交流合作机会，以及中国旅游海外推广网站等渠道加强对“美丽中国之旅”的宣传推介。在地方层面，各地要结合工作实际，积极参与国家层面的旅游整体形象推广活动，配合做好“美丽中国之旅”宣传品制作、联合广告投放、精品线路设计、新产品开发等具体工作。各地在海外开展各项旅游交流合作活动时，制作、发行、发放各种海外旅游宣传品等，都要使用“美丽中国之旅”标志，共同打造中国旅游整体形象。

（四）对境外细分市场实施差异化推广战略

针对日韩、俄罗斯、东南亚、西欧、北美、大洋洲及我国港澳台等重点境外市场，要细分市场需求特征，不断优化提升传统观光产品，强调旅游服务品质。针对东欧、南亚、中东、中亚等入境旅游新兴市场，要统筹产品开发和形象宣传，重视穆斯林地区、斯拉夫文化地区和印度市场的市场调研和产品开发。针对南美、非洲等入境旅游潜在市场，要以市场研究为基础，加强与商贸文化等部门合作。

（五）逐步推进行政与市场分离的改革进程

政府职能转变：通过专业性，增强领导力。市场推广重点：美丽的中国，真实的中国。

（六）逐步推进免签、免（退）税、航权开放等优惠政策

一是研究制定面向入境游客的新签证政策，简化签证办理手续，优化入境游客入境的“准入政策”。二是研究并适时推广入境旅游免（退）税政策的试点化改革，以免（退）税为吸引力和增长点，优化入境游客入境的市场购物环境和市场秩序。三是通过探索开辟新航线和梯级化层次放开部分新航权，全面优化我国热点旅游城市同主要客源国之间的航空交通可达性。

第一章
2012 年中国入境旅游市场发展状况

第一节　2012 年中国入境旅游市场的总体状况

一、入境旅游市场继续维持平稳态势发展

伴随我国入境旅游的规模不断壮大，入境旅游的增长速度相对放缓，虽然有小幅波动，但入境旅游市场整体依旧呈现相对平稳的发展态势。

（一）入境市场总量小幅波动，总体呈现上升趋势

2007—2012 年间，入境游客的规模总量呈现波动上升趋势，入境游客数量的增长率呈现先降低再上升再降低的往返式变化特征。2007 年接待入境游客为 13187.33 万人次，比上一年增长 5.55%；2008 年接待入境游客减少至 13002.74 万人次，比上一年减少 1.40%；2009 年接待入境游客减少至 12647.59 万人次，比上一年减少 2.73%；2010 年接待入境游客增加至 13376.22 万人次，比上一年增加 5.76%；2011 年接待入境游客增至 13542.36 万人次，比上一年增加 1.24%；2012 年接待入境游客减少至 13240.53 万人次，比上一年减少 2.23%。从总量上来看，2011 年的入境旅游人次最高，2009 年最低（因受金融危机的影响），但是随着 2012 年度国家旅游局各项促进我国旅游发展的举措的实施，2012 年度的入境旅游市场已经恢复到经济危机前的状况，总量为 13240.53 万人次，与 2007 年的 13187.33 万人次相比增长率为 4%，实现了大的进步。随着世界经济的复苏和发展，在当前的国内外环境下，相信未来入境旅游人次规模会呈现上升趋势。

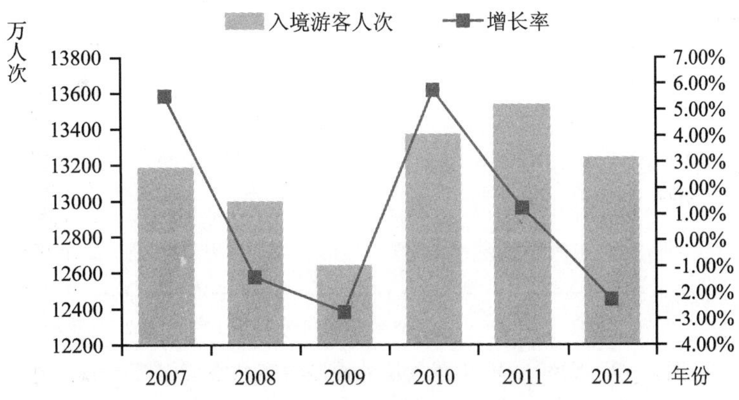

图1-1 2007—2012年入境旅游市场规模与增长情况

（二）入境外国市场较活跃，实现平稳增长

2007—2012年间，入境外国游客的规模总量呈现波动中逐步上升的发展趋势，入境外国游客数量的增长率呈现先升后降，再升后降的往返式变化特征。2007年接待入境外国游客2610.97万人次，比上一年增长17.56%；2008年接待入境外国游客减少至2432.53万人次，比上一年减少6.83%；2009年接待入境外国游客减少至2193.75万人次，比上一年减少9.82%；2010年接待入境外国游客增加至2612.69万人次，比上一年增加19.10%；2011年接待入境外国游客增至2711.21万人次，比上一年增加3.77%；2012年接待入境外国游客增至2719.16万人次，比上一年增加0.29%，总量维持平稳发展。虽受经济危机影响，2009年的入境外国市场总量成为最低，但总体来看，外国入境旅游人次呈现平稳增长趋势，从未降至2000万人次以下，且2012年的入境外国游客人次总量达到历史新高，是相关部门工作成果的重大突破。

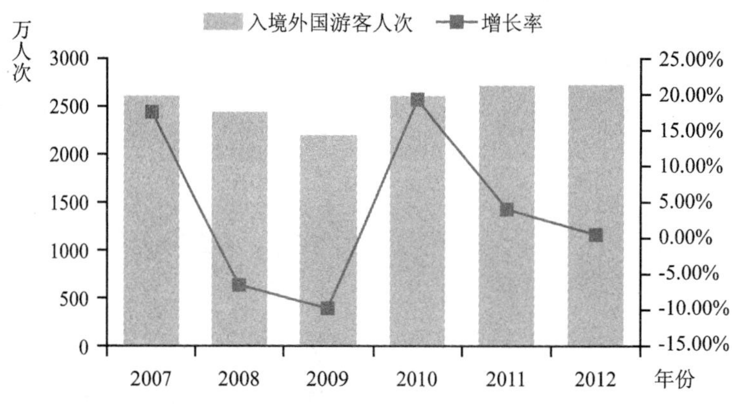

图1－2　2007—2012年入境外国旅游市场规模与增长情况

（三）入境港澳台市场呈现往返式变化特征

2007—2012年间，入境的港澳台游客总量呈现反复的波动趋势，入境的港澳台游客数量的增长率呈现先升后降，再升再降的往返式变化特征。2007年接待入境港澳台游客10576.36万人次，比上一年增长2.95%；2008年接待入境港澳台游客减少至10570.21万人次，比上一年减少0.06%；2009年接待入境港澳台游客减少至10453.84万人次，比上一年减少1.10%；2010年接待入境港澳台游客增加至10763.53万人次，比上一年增加2.96%；2011年接待港澳台入境游客增至10831.15万人次，比上一年增加0.63%；2012年接待港澳台入境游客减少至10521.37万人次，比上一年减少2.86%。目前来看，港澳台入境旅游有明显的波动规律，从2007年开始下降，2009年达到最低；2010年又开始上升，2011年达到新高，2012年又有小幅的下降。

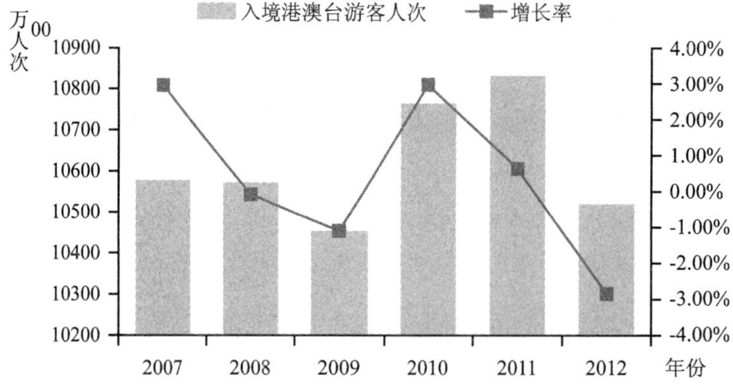

图1－3　2007—2012年入境港澳台旅游市场规模与增长情况

（四）入境过夜游客数量世界第三，仅次于法国和美国

联合国世界旅游组织（UNWTO）公布的统计资料显示，2012 年，中国接待入境过夜游客 5772.49 万人次，继续保持世界第三的位序，法国和美国继续分列第一位和第二位。

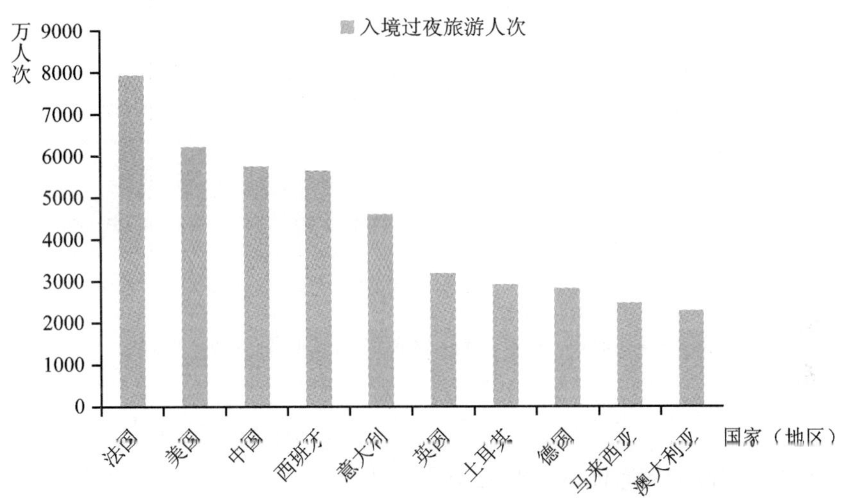

图 1－4　2012 年全球入境过夜旅游人次十强排名图

资料来源：联合国世界旅游组织（UNWTO）

二、入境旅游市场收汇持续增加，增速相对稳定

（一）旅游外汇再创新高，增速相对稳定

2007—2012 年间，入境旅游市场收汇呈现先升后稳再升的阶梯状增长特征，入境旅游外汇收入增速呈现先升后降，再升再降的波动式变化特征。2007 年入境旅游实现外汇收入 419 亿美元，比上一年增加 23.48%；2008 年入境旅游实现外汇收入 408.43 亿美元，比上一年减少 2.52%；2009 年入境旅游实现外汇收入 396.75 亿美元，比上一年减少 2.86%；2010 年入境旅游实现外汇收入 458.14 亿美元，比上一年增加 15.47%；2011 年入境旅游实现外汇收入 484.64 亿美元，比上一年增长 5.78%；2012 年入境旅游实现外汇收入 500.28 亿美元，比上一年增加 3.23%，继续保持世界第四位置。从总量变化趋势来

看，入境旅游外汇收入的绝对值是在不断增加的，2012 年度的外汇收入是2007 年的 1.19 倍，说明中国在国际旅游市场份额不断增加，知名度扩大，吸引各地游客来华旅游。

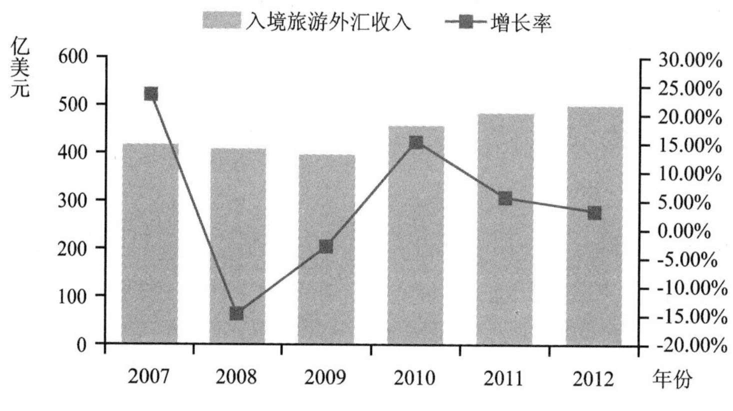

图 1－5　2007—2012 年入境旅游市场收汇与增长情况

（二）旅游外汇持续增加，出入境逆差扩大

随着我国国民经济的持续稳定快速发展，国民生活质量的提高，出国旅游市场的需求不断扩大，国民大出游已经成为发展趋势，且因我国人口多这一特殊国情，出国旅游人员规模持续扩大，大众化趋势显现。但因持续低迷的世界经济、我国与周边国家双边关系的周折等内外部原因，2012 年入境旅游市场增长压力继续加大，该年我国旅游服务贸易逆差已达 519.72 亿美元。

（三）旅游外汇收入世界第四，仅次于美国、西班牙和法国

联合国世界旅游组织（UNWTO）公布的统计资料显示，2012 年，在旅游外汇收入排名中，中国大陆位列第四，美国、西班牙、法国分别以 1291 亿美元、611 亿美元和 576 亿美元位列前三名。中国澳门特别行政区和中国香港特别行政区分别排名第六位和第九位。

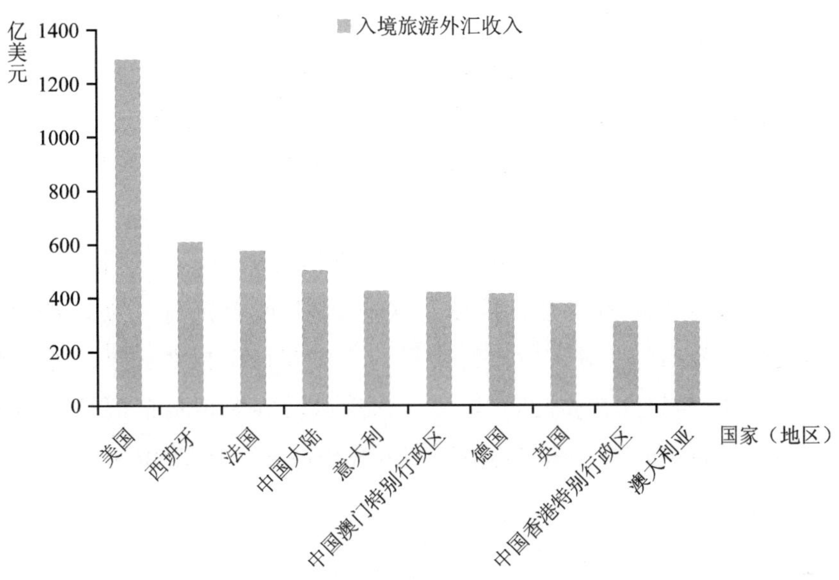

图 1－6　2012 年全球入境旅游外汇收入十强排名图

资料来源：联合国世界旅游组织（UNWTO）

三、入境旅游市场小幅增长，市场结构进一步优化

在国内旅游和出境旅游持续高速增长的背景下，2012 年，入境旅游在三大市场中的比例份额相对下降。2012 年，入境旅游在三大市场中占比为 4.17%，比 2011 年下降 0.66% 的市场份额，但是还应看到 2012 年入境旅游市场的发展和进步。虽受国内外各种因素影响，入境旅游发展下行压力增大，但 2012 年入境旅游还是取得了保持小幅增长、市场结构进一步优化的成果，继续保持世界第三大入境旅游接待国的地位。入境旅游市场总量在增长，结构在优化，效益在提升，入境旅游市场实现持续健康发展。

第二节　2012 年中国入境旅游市场的结构状况

一、外国客源市场份额持续上升，港澳台市场依旧是主力

2012 年，中国大陆共接待入境游客 13240.53 万人次，其中，接待香港同

胞 7871.30 万人次，占全部入境市场份额的 59.45%，份额上升 0.85%；接待澳门同胞 2116.06 万人次，占全部入境市场份额的 15.98%，份额下降 1.51%；接待台湾同胞 534.02 万人次，占全部入境市场份额的 4.03%，份额上升 0.14%；接待外国游客合计 2719.16 万人次，占全部入境市场份额的 20.54%，份额上升 0.52%。

2012 年，外国客源市场份额与上年同期相比略有上升，同比增长率为 0.29%。外国入境旅游客源总量再创 2007—2011 年的新高，为 2719.16 万人次，说明我国相关部门针对入境旅游市场的工作获得了预期成果，外国客源市场份额持续上升。同时也应看到，港澳台入境旅游客源市场依旧是占据大陆入境旅游市场份额的主力军，其中香港同胞入境旅游比例达到 59.45%。

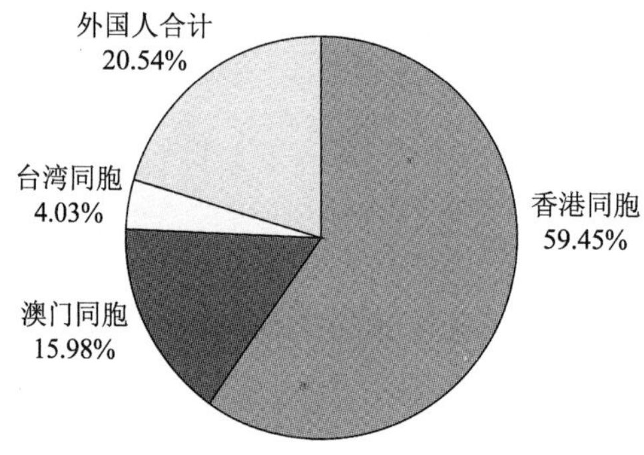

图 1－7　2012 年中国大陆入境旅游主要客源市场结构状况

资料来源：国家旅游局

二、主要客源国构成基本稳定，远程市场份额上升

从入境外国游客的客源构成来看，2012 年接待韩国游客 406.99 万人次，占入境外国游客总量的 14.97%，排名第一；接待日本游客 351.82 万人次，占入境外国游客总量的 12.94%，位居第二；接待俄罗斯游客 242.62 万人次，占入境外国游客总量的 8.92%，排名第三；接待美国游客 211.81 万人次，占入境外国游客总量的 7.79%，排名第四。韩国、日本、俄罗斯、美国合计向中国大陆输送游客 1213.24 万人次，占中国大陆接待入境外国游客总量的 44.62%，相比上一年下降 9.19%。超过四成的入境外国客源市场集中在这四大客源国。

2012 年，紧随四大客源国之后的其他客源市场状况如下：接待马来西亚游客 123.55 万人次，占入境外国游客总量的 4.54%，排名第五；接待越南游客 113.72 万人次，占入境外国游客总量的 4.18%，排名从第七上升到第六；接待新加坡游客 102.77 万人次，占入境外国游客总量的 3.78%，排名从第六下降到第七；接待蒙古游客 101.05 万人次，占入境外国游客总量的 3.72%，排名第八；接待菲律宾游客 96.2 万人次，占入境外国游客总量的 3.54%，排名第九；接待澳大利亚游客 77.43 万人次，占入境外国游客总量的 2.85%，排名第十。接待加拿大游客 70.83 万人次，占入境外国游客总量的 2.60%，排名从第十下降到第十一；接待德国游客 65.96 万人次，占入境外国游客总量的 2.43%，排名第十二；接待泰国游客 64.76 万人次，占入境外国游客总量的 2.38%，排名第十三；接待印度尼西亚游客 62.2 万人次，占入境外国游客总量的 2.29%，排名第十四；接待英国游客 61.84 万人次，占入境外国游客总量的 2.27%，排名第十五；接待印度游客 61.02 万人次，占入境外国游客总量的 2.24%，排名第十六；接待法国游客 52.48 万人次，占入境外国游客总量的 1.93%，排名第十七；接待哈萨克斯坦游客 49.14 万人次，占入境外国游客总量的 1.81%，排名第十八。韩国、日本、俄罗斯、美国、马来西亚、越南、新加坡、蒙古、菲律宾、澳大利亚合计向中国大陆输送游客 1827.96 万人次，占中国大陆接待入境外国游客总量的 67.23%，接近七成的入境客源市场集中在前十大客源国。

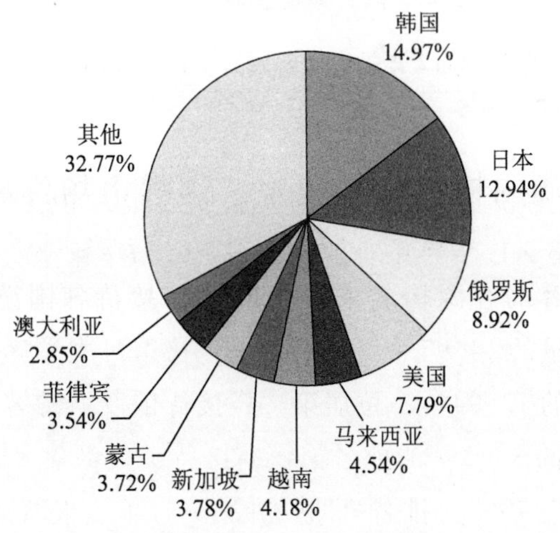

图 1-8 2012 年中国大陆主要客源国结构状况

资料来源：国家旅游局

中国大陆入境客源国的集中化程度较高，主要客源国构成相对稳定，大多为近程客源市场。同时也看到了远程客源市场份额上升的趋势。2012 年入境旅游的亚洲客源为 1664.88 万人次，同比下降 0.01%；美洲客源为 317.95 万人次，同比下降 0.67%；欧洲客源为 592.16 万人次，同比增长 0.18%；大洋洲客源为 91.49 万人次，同比增长 6.47%；非洲客源为 52.49 万人次，同比增长 7.39%。

三、入境游客选择的交通方式分析

（一）九成以上香港游客采用徒步和乘坐汽车方式入境

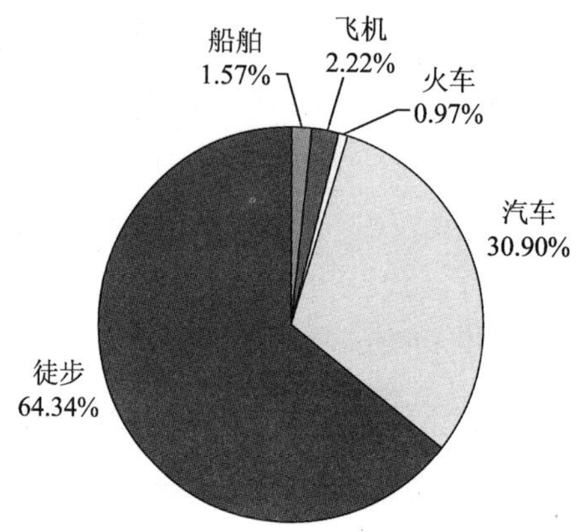

图 1－9　2012 年香港游客进入中国大陆的交通方式

资料来源：国家旅游局

入境大陆的香港游客中，64.34% 徒步入境，30.90% 乘坐汽车入境，2.22% 乘坐飞机入境，1.57% 乘坐船舶入境，0.97% 乘坐火车入境。

（二）九成以上澳门游客徒步入境

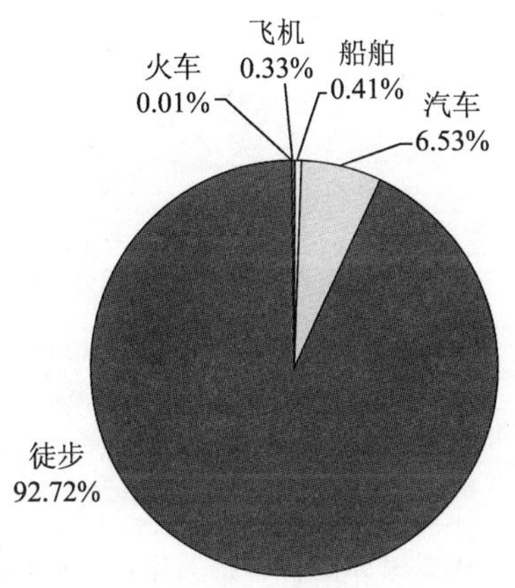

图1-10　2012年澳门游客进入中国大陆的交通方式

资料来源：国家旅游局

入境大陆的澳门游客中，92.72%徒步入境，6.53%乘坐汽车入境，0.41%乘坐船舶入境，0.33%乘坐飞机入境，0.01%乘坐火车入境。

（三）七成以上台湾游客乘飞机和船舶入境

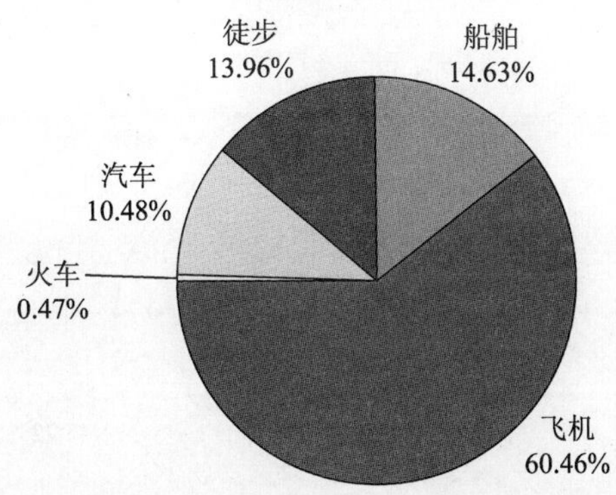

图1-11　2012年台湾游客进入中国大陆的交通方式

资料来源：国家旅游局

入境大陆的台湾游客中，60.46%乘坐飞机入境，14.63%乘坐船舶入境，13.96%徒步入境，10.48%乘坐汽车入境，0.47%乘坐火车入境。

（四）超七成外国游客乘飞机和船舶入境

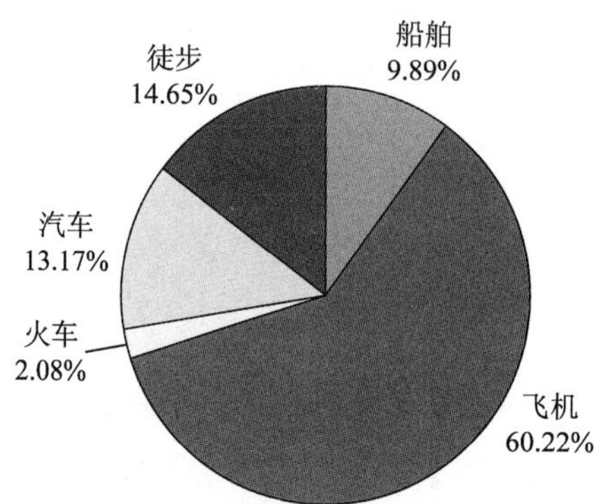

图 1－12　2012 年外国游客进入中国大陆的交通方式

资料来源：国家旅游局

赴中国大陆旅游的外国游客中，60.22% 乘坐飞机入境，9.89% 乘坐船舶入境，14.65% 徒步入境，13.17% 乘坐汽车入境，2.08% 乘坐火车入境。

四、入境游客的年龄结构分析

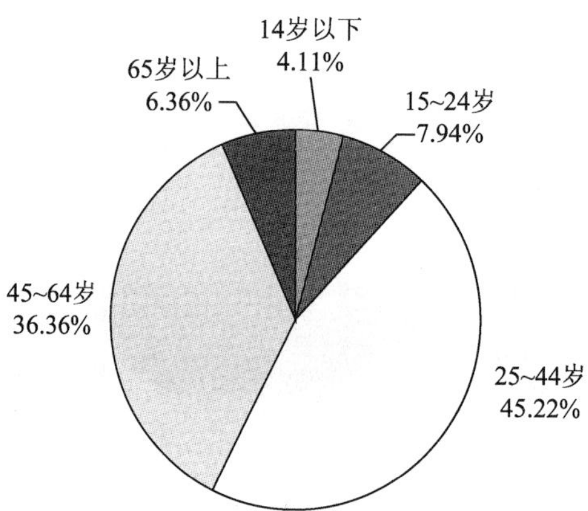

图 1－13　2012 年入境游客的年龄结构状况

资料来源：国家旅游局

入境游客中，25～44 岁占 45.22%，45～64 岁占 36.36%，15～24 岁占

7.94%，65 岁以上占 6.36%，14 岁以下占 4.11%。

五、入境游客的性别结构分析

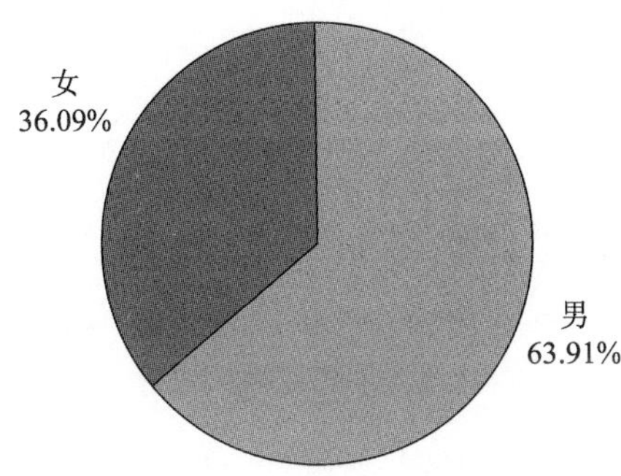

图 1－14　2012 年入境游客的性别结构状况

资料来源：国家旅游局

入境游客中，63.91% 为男性，36.09% 为女性。

六、入境游客的旅游目的分析

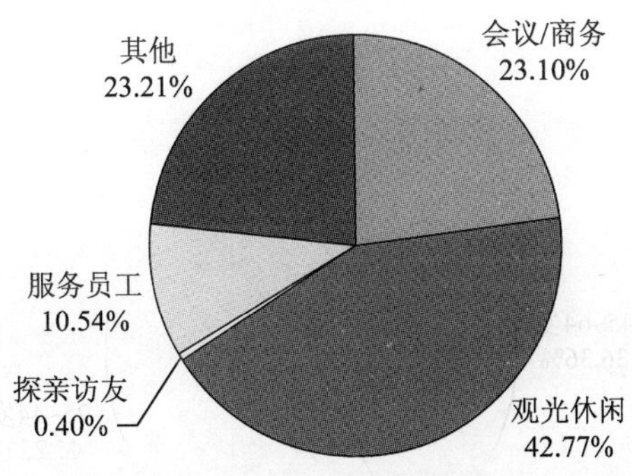

图 1－15　2012 年入境游客的旅游目的结构状况

资料来源：国家旅游局

入境游客中，42.77% 持观光休闲目的，23.10% 持会议/商务目的，10.54% 为服务员工，0.40% 持探亲访友目的，23.21% 持其他目的。

第二章

2012 年全球视野下的中国入境旅游

本章通过分析 2012 年世界游客增长总量和流量流向变化，剖析全球国际入境客源结构、流量和流向特征，以期从国际游客产出的视角，全面把握 2012 年全球国际旅游市场状况，系统剖析 2012 年全球旅游客流产出及其地域格局，从宏观角度看待中国在世界旅游市场的国际位置。

在综合研究中国主要客源国（地区）的出境旅游市场状况，统筹研究中国主要客源国（地区）的市场竞争态势的基础上，探究影响世界旅游客流格局的主要因素；通过构建数学模型，应用 Eviews 计量软件，量化分析 GDP、CPI 和汇率等影响入境旅游的主要因素，初步估计相关参数，对入境旅游客流的驱动机制开展理论和实证探索。

第一节　2012 年全球范围内的国际旅游发展状况

一、国际旅游客流总量呈稳步增长态势

（一）国际旅游客流的增长状况分析

1. 国际旅游客流总量持续稳步增长，首次突破 10 亿人次大关

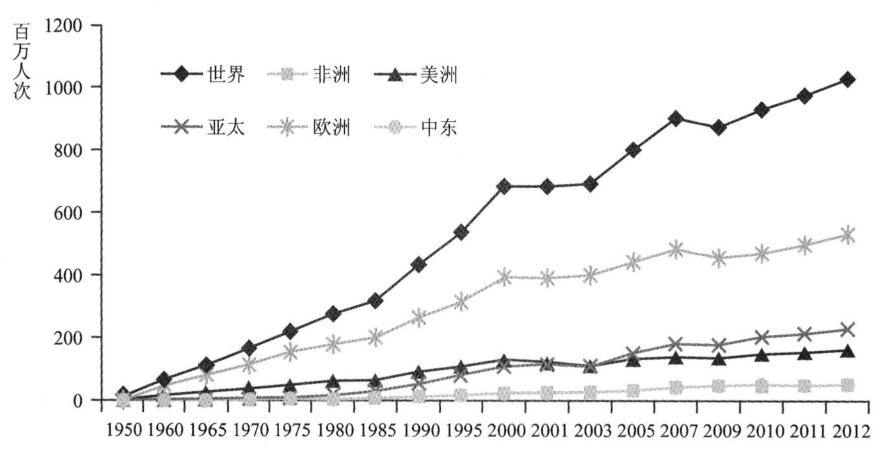

图 2-1　1950—2012 年全球国际旅游规模增长示意图

资料来源：世界旅游组织

由图 2－1 可知，1950 年全世界旅游人数仅为 2520 万人次，而 2000 年国际旅游人数已达到 6.87 亿人次，增长近 28 倍。自 1950 年开始，全球旅游业十年的平均增长率分别为 10.6%、9.1%、5.3%、4.7%、4.6%，增速放缓趋势明显。

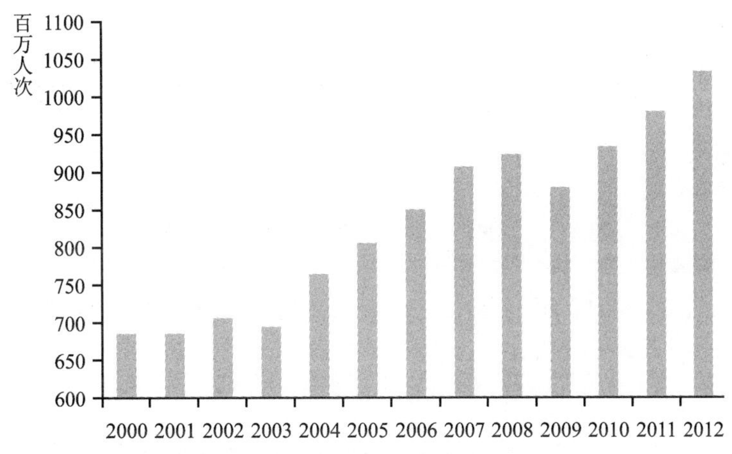

图 2－2　2000 年以来全球国际旅游规模变化图

资料来源：世界旅游组织

进入 21 世纪，国际旅游人数继续呈现平稳增长。2001 年和 2002 年国际旅游人数呈现缓慢增长，2003 年受 H1N1 甲型流感影响国际旅游人数出现下滑。随后国际旅游人数呈现快速增长，增长率在 6% 左右。其中，2004 年国际旅游人数同比增长率已高达 10.4%，2007 年世界旅游业连续四年快速增长，国际跨境旅游人数达到了 9 亿人次，国际旅游人数同比增长率达 6.2%。受 2008 至 2009 年世界经济危机的影响，2009 年的国际旅游人数出现下滑，到 2009 年年末，世界旅游形势有所好转并持续稳定增长。2010 年和 2011 年世界旅游人数继续保持稳定增长，增长率分别为 6.5% 和 4.7%。

由于受各国经济增长放缓以及亚洲中日、日韩间的领土纷争等因素的影响，2012 年国际旅游人数增速有所放缓。根据联合国世界旅游组织（UNWTO）公布的最新数据显示，2012 年国际入境旅游人数继续稳步增长，首次突破 10 亿大关，已达到 10.35 亿人次，比 2011 年的 9.96 亿人多出 3900 万国际游客，同比增长了 4%。此外，根据联合国世界旅游组织（UNWTO）的统计结果显示，在搜集的 149 个样本国家中，旅游人数上升的国家有 124 个（占 83%），旅游人数下滑的国家有 25 个（占 17%）。

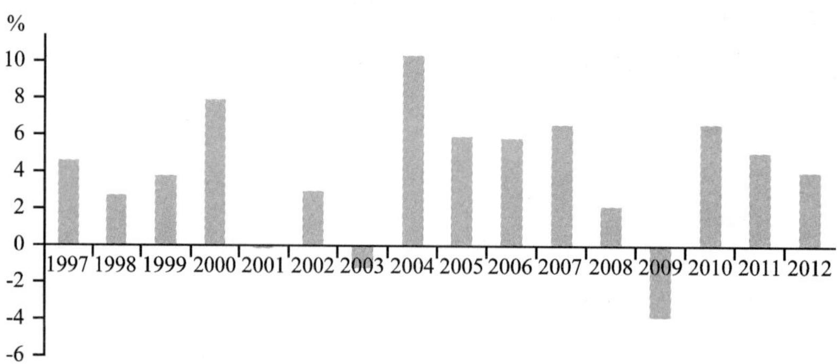

图 2－3　1997—2012 年国际旅游客流增长率

图 2－3 显示，2012 年国际入境旅游人数继续稳步增长，同比增长 4%，可见国际旅游客流总量的增长相对稳定。

2. 2012 年的增长动态特征

从近几年旅游客源增长总量来看，国际旅游客流基本呈稳定的增长态势，上半年持续增长，到七八月份旅游旺季达到全年旅游增长顶点，下半年逐渐衰退。2012 年的增长态势基本与前几年同期吻合，其中增长幅度最大的是三月份，同比增长率高达 6%，而增幅最小的月份是七月份，同比增长率仅为 1%。

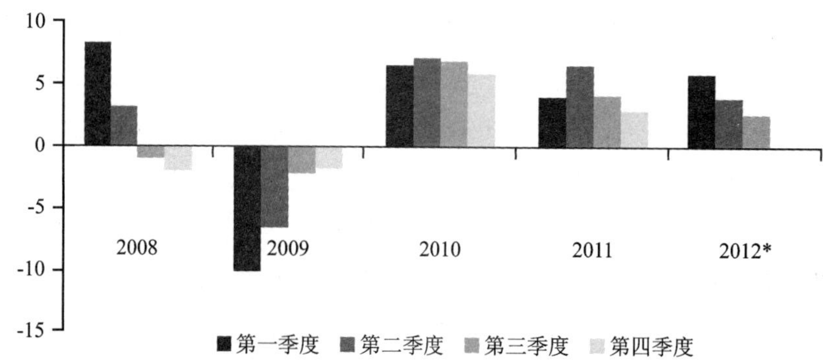

图 2－4　2008—2012 年国际旅游游客季度同比增长率

＊2012 年数据为前三季度数据。

根据图 2－4 显示，2012 年国际旅游游客呈现稳定增长，其中第四季度的同比增长率（3.7%）超过了预期值，第一季度的同比增长率最高，达到 5.9%。

（二）欧洲、亚太、美洲成为国际三大旅游热点地区

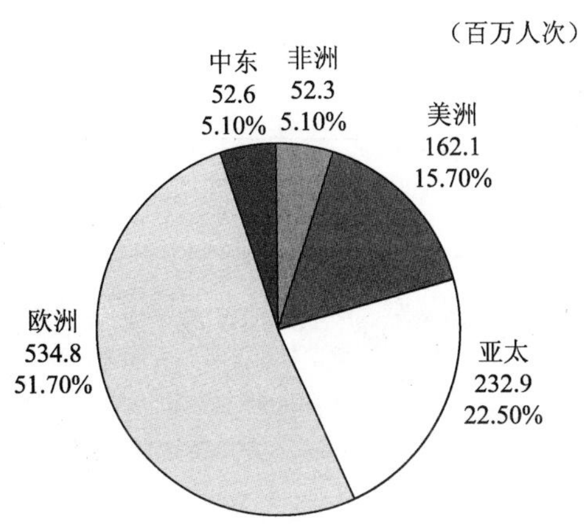

图 2－5　2012 年各区域国际游客接待情况

根据图 2－5 显示，国际旅游人数中欧洲所占比例最大，高达 51.7%，其次是亚太（22.5%）和美洲（15.7%），而中东和非洲所占比例最小，仅为 5.1%。

二、国际旅游增长的重心持续东移

（一）亚太、北非等地逐渐成为国际旅游客流的集聚地

1. 国际旅游客流向中东欧、亚太、北非等地区流动加速

从全球旅游客流分布来看，2012 年除了中东和北欧，其余地区都呈现良好的增长态势，其中增长最快的是中/东欧、北非、南亚和东南亚地区，最慢的是南欧/地中海地区和北美地区（见图 2－6）。

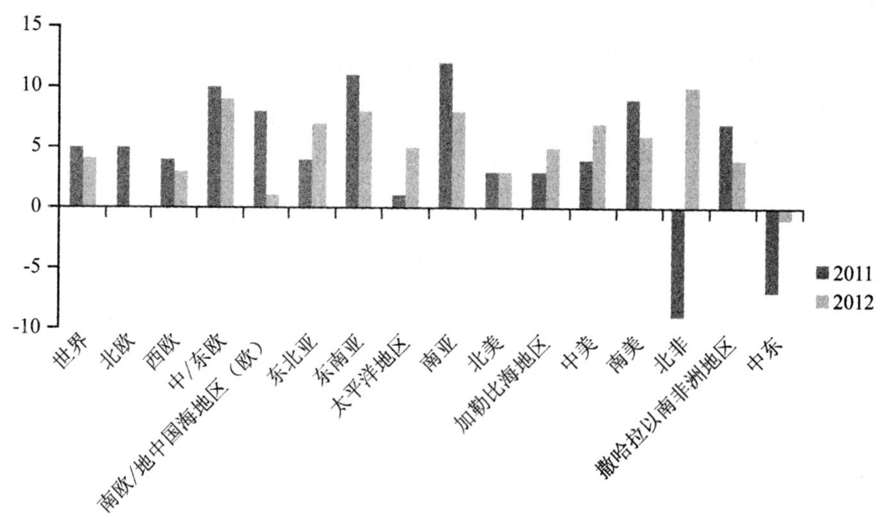

图 2－6　2011—2012 年全球国际旅游增长率对比

资料来源：世界旅游组织

2. 欧洲地区接待国际游客的增速趋缓

从整体上看，相比 2011 年的良好增长势头，整个欧洲地区 2012 年的国际游客增长率大幅放缓。受经济危机影响，南欧地区的经济状况与社会稳定状况均出现较大程度恶化：希腊和西班牙均面临“欧债危机”，并且旅游大国西班牙在 2012 年发生的多次罢工与游行严重影响了游客数量。由于受英国举办奥运会的影响，西欧的游客接待状况相比 2011 年并没有太大幅度的下降，中东欧受“欧债危机”影响较小，故基本维持了其 2011 年的增长率（见图 2－7）。

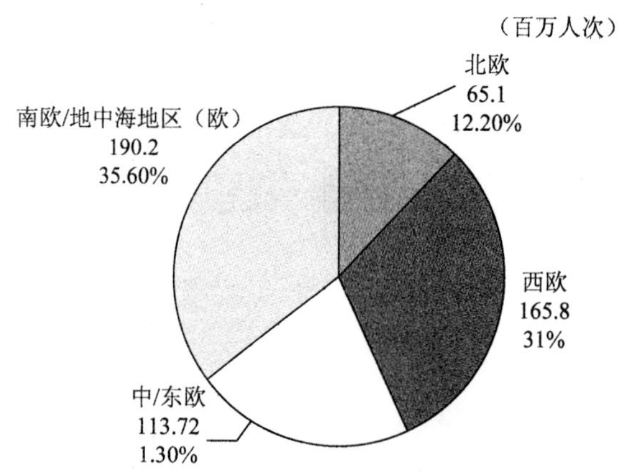

图 2－7　2012 年欧洲各区域国际游客接待情况

3. 整个亚太地区 2012 年增长较为迅速

从经济发展水平上看，东亚和太平洋地区除少数国家经济水平较高外，大多数是发展中国家。许多国家近年来大力发展旅游业，将旅游业作为带动本国经济的重要手段。从接待国际游客贡献看，2012 年整个亚太地区的旅游客源增长都较为迅速，东南亚和南亚地区旅游客源增长速度最快，东北亚和太平洋地区的旅游客源增长紧随其后（见图 2－8）。

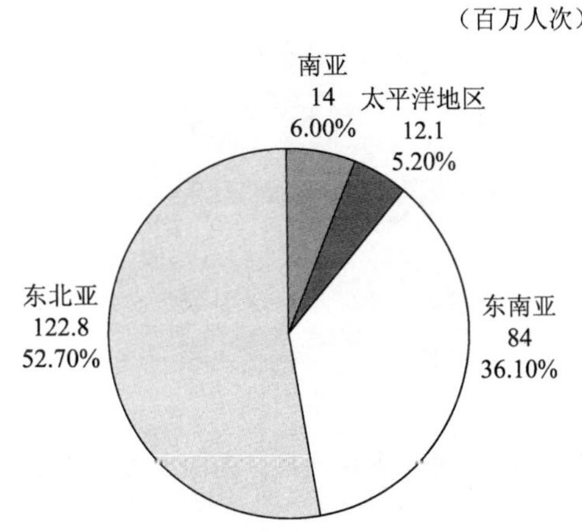

图 2－8　2012 年亚洲和太平洋地区国际游客接待情况

4. 北非成为全球 2012 年增长最快的地区

2011 年北非地区及邻近的西亚地区，如埃及、叙利亚、也门等先后发生政治事件，严重影响了游客数量。但在 2012 年，因其政治气候的稳定，其国际游客接待人数飞速提高。国际游客增长率从 2011 年的接近－10% 跃升为 10%，成为 2012 年全球国际游客接待人数增长最快的地区（见图 2－9）。

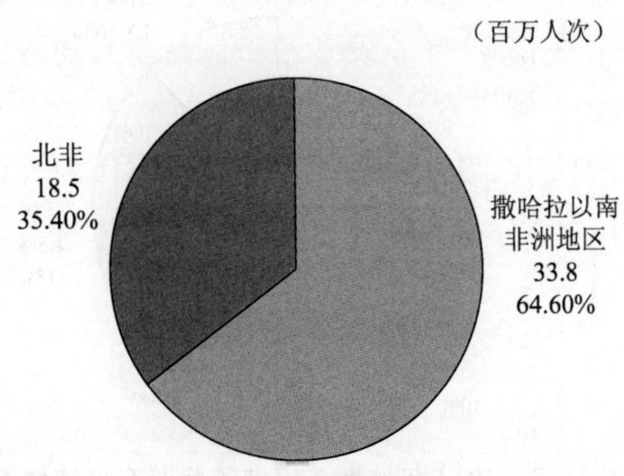

图 2－9　2012 年非洲地区国际游客接待情况

5. 中美在美洲地区的增长幅度最大

美洲国际游客接待量从多到少依次为北美、南美、加勒比海地区、中美，北美为美洲国际游客的主要接待区域。中美地区旅游客源较上年同期增长幅度较大，其余地区也有所增长，加勒比海与南美地区的涨幅也都超过2011年。2012年美洲地区国际游客接待情况见图2－10。

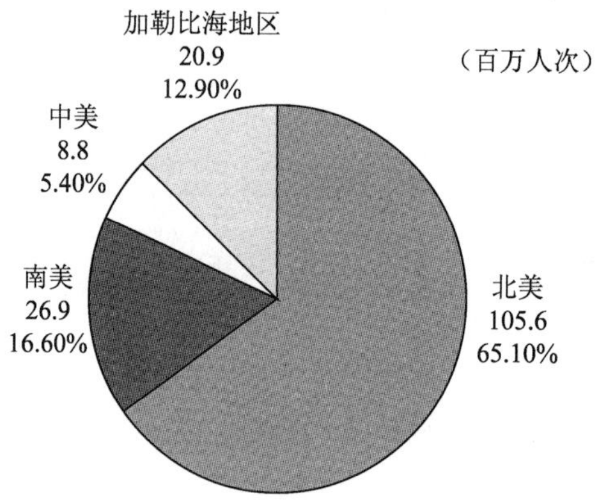

图2－10　2012年美洲地区国际游客接待情况

6. 中东地区增长状况有所好转但仍不容乐观

由于中东地区不稳定的政治局势，其旅游客源仍呈负增长态势，但是下降幅度较2011年有所减小，由2011年的－6.7%增至－4.9%。

（二）国际旅游客流向新兴经济体国家流动加速

1. 发达经济体与新兴经济体之间的差异继续缩小

图2－11显示，新兴经济体的入境旅游人数正在逐步增加，与发达经济体之间的差距逐渐缩小。在2002年，发达经济体与新兴经济体的入境旅游人数的差异为1.41亿，而2012年，发达经济体与新兴经济体的入境旅游人数的差异已缩减至0.65亿。十年间，发达经济体与新兴经济体的入境旅游人数差异就缩小了7600万人次。由趋势分析，不难判断发达经济体与新兴经济体的差异将会继续缩小（见图2－11）。

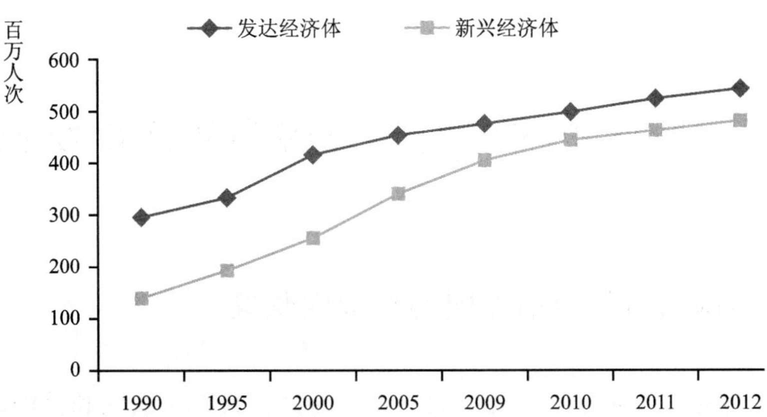

图2-11 1990—2012年发达经济体与新兴经济体入境旅游规模对比

资料来源：世界旅游组织

2. 国际旅游客流向新兴经济体国家流动加速

2012年新兴经济体入境旅游人数同比增长率（4.1%）要高于2012年发达经济体入境旅游人数的同比增长率（3.6%），国际旅游客流向新兴经济体国家的流动速度快于向发达经济体国家的流动速度（见图2-12）。

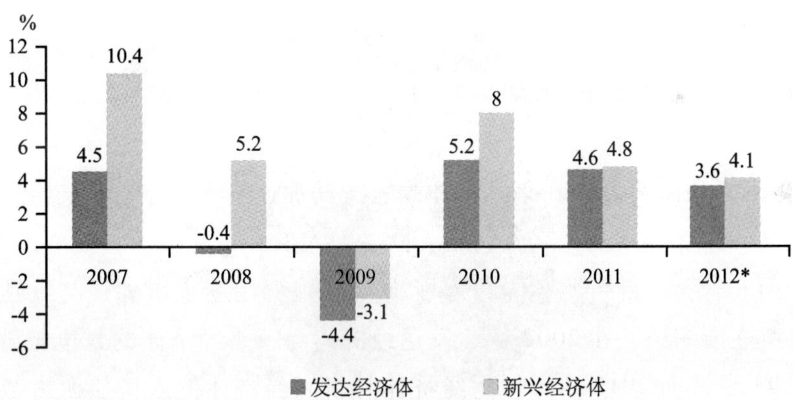

图2-12 2007—2012年发达与新兴经济体入境旅游增长率对比

资料来源：世界旅游组织

*2012年数据为前三季度数据。

第二节　中国主要客源国客源产出状况

一、中国入境旅游的外国客源构成状况

中国入境旅游的客源国主要是亚洲周边国家，其次是欧洲和美洲国家，然后是其他国家。位于亚洲的主要客源国是韩国、日本、马来西亚、新加坡等；位于欧洲的主要客源国是俄罗斯、德国、英国、法国等；位于美洲的主要客源国是美国、加拿大等。

（一）亚洲客源的主导地位十分稳固

据2007—2012年数据统计，我国主要客源为亚洲周边国家（61.48%），其他客源地较之所占百分比较小，欧洲和美洲共占33.76%。

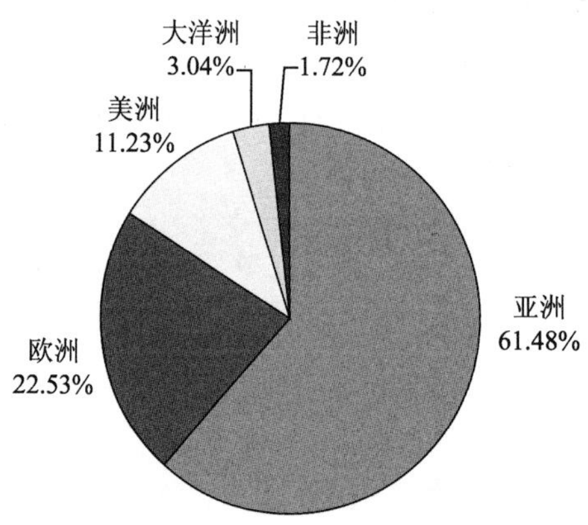

图2-13　2007—2012年中国入境旅游各大客源市场平均份额

资料来源：国家旅游局

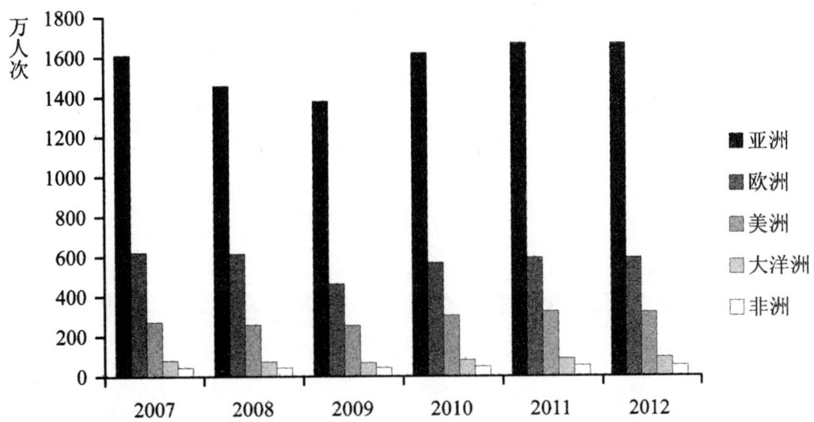

图 2-14　2007—2012 年中国入境旅游各大客源市场数量规模对比

资料来源：国家旅游局

由图 2-14 可以看出，主要客源市场——亚洲入境游客数量所占比例年均高于 50%，除 2008—2009 年金融危机时期外，其余呈现增长态势，且绝对数远远高于其他各洲。

（二）欧美客源的数量稳步增长

2007—2012 年，欧美入境游客数量总体依旧呈现上升的趋势（2008—2009 年金融危机期间除外），由图 2-15 可见，美洲和欧洲增长平稳。

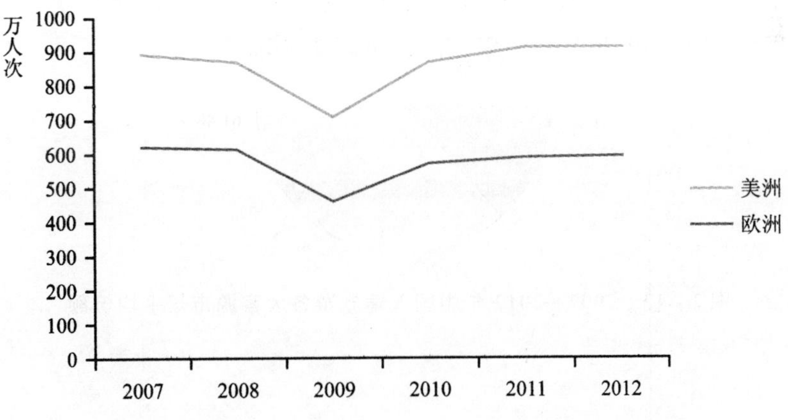

图 2-15　2007—2012 年欧洲、美洲入境游客数量变动情况

（三）非洲和大洋洲客源增幅明显

从各洲情况看，2012 年各洲来华旅游入境人数均有所增长，其中大洋洲和非洲两个地区的增幅最为明显。

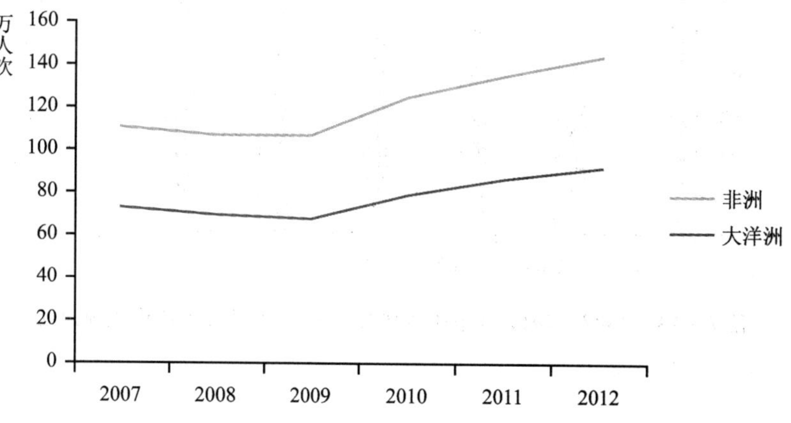

图 2－16　2007—2012 年非洲、大洋洲入境游客数量变动情况

二、中国主要客源国的出境旅游发展状况

（一）韩国

2012 年，韩国呈现入境旅游大幅增加，出境旅游增速减缓、增幅收窄的发展态势。受此影响，韩国旅华市场也出现了金融危机以来的再次负增长。2012 年，韩国旅华 406.99 万人次，累计同比下降 2.76%。

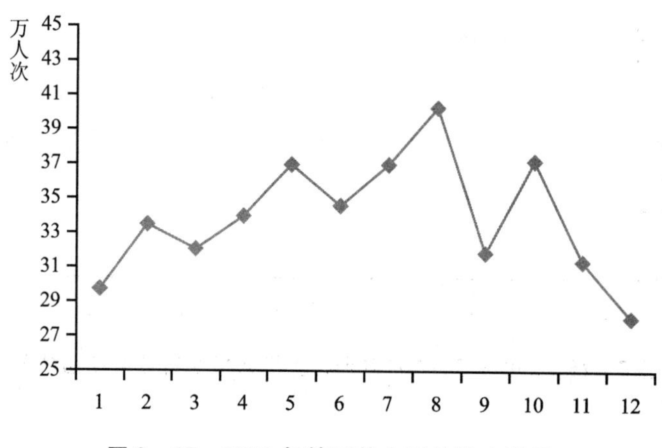

图 2－17　2012 年韩国赴中国的游客数量

从环比增长来看，韩国旅华市场从 1 月到 8 月呈现缓慢增长态势，在 8 月份达到极大值 40.34 万人次。9 月开始，韩国旅华市场出现萎缩，12 月份达到最小值 28.12 万人次，见图 2-17。

受 2011 年日本福岛地震的影响，2011 年赴日的韩国游客数量急剧下降。2012 年，随着核辐射阴影的散去，前往日本的韩国游客数量迅速恢复。尤其是到 3~5 月赏樱花的季节，韩国赴日本的游客增长率甚至一度达到 138%。相较之下，韩国赴中国大陆的游客数量基本稳定，见图 2-18。

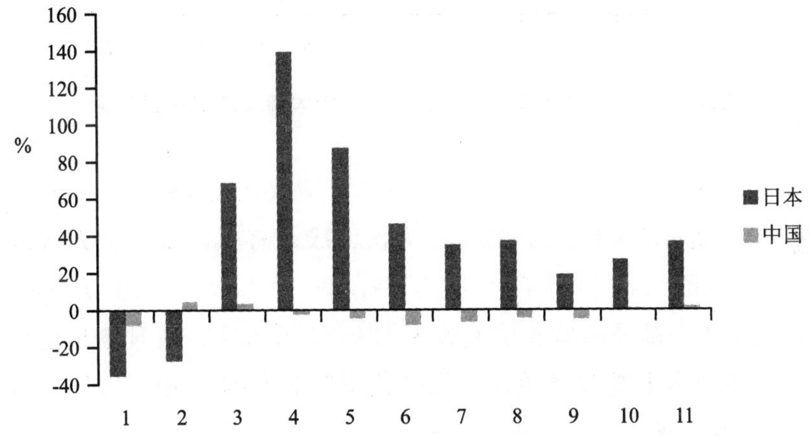

图 2-18 2012 年 1—11 月韩国赴日本与中国大陆的游客的同期增长率

从时间序列来看，年初开始，韩国旅华市场就出现低开低走的局面，除 2 月、3 月有所反弹外，其他时间基本都是在持续负增长的位置徘徊。10 月以来，旅华市场出现弱势反弹。

2012 年，旅华韩国市场整体减速。2012 年 1—12 月，韩国赴中国大陆旅游 406.99 万人次，同比下降 2.76%。导致韩国旅华市场增长率下降的主要原因包括：人民币升值、周边竞争型目的地分流、中国通胀风险加大等。

（二）日本

受 2012 年 8 月 15 日的保钓事件及后续的中日钓鱼岛领土纷争的影响，自 2012 年 9 月开始，日本赴中国大陆游客数量开始急剧下降。2012 年上半年（1 月—6 月）同比增长 12%，下半年（7 月—12 月）同比减少 17.5%。

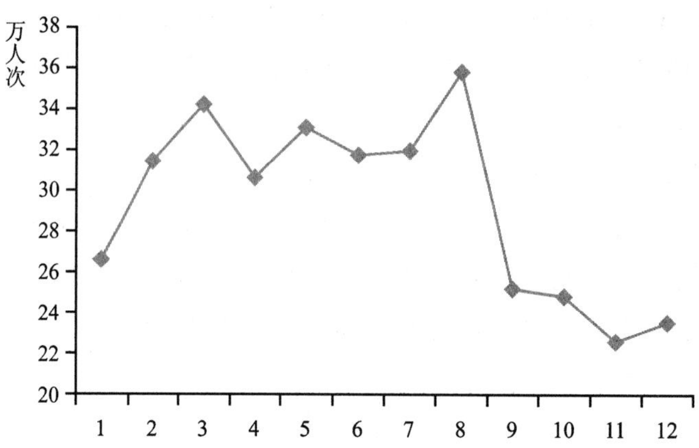

图 2-19　2012 年 1—12 月日本赴中国大陆旅游的游客数量

据日本法务省最新数据，2012 年，日本出境人次达 1849 万人次，比 2011 年增长 8.8%，超过 2000 年的 1781 万人次，成为有史以来出境人次最多的一年。其中，赴韩国旅游的游客总数为 351.87 万人次，占出境旅游总数的 19.03%；赴中国大陆的出境旅游人数为 351.82 万人次，占日本出境旅游总数的 19.02%。与上年相比日本旅华人数同比下降 3.83%，中国大陆在日本出境游客的目的地中位列第二，稍逊于韩国。

表 2-1　2008—2012 年日本游客出境前两名目的地国家及数量规模

（单位：万人次）

年份	总数	国家	数量	国家	数量
2008	1598.73	中国	344.60	美国	325.00
2009	1544.57	中国	331.70	韩国	305.30
2010	1663.72	中国	373.10	美国	338.60
2011	1699.42	中国	365.82	韩国	328.91
2012	1849	韩国	351.87	中国	351.82

资料来源：日本政府观光厅

2012 年 1—12 月，日本赴中国大陆旅游 351.82 万人次，同比下降 3.83%。导致日本旅华市场紧缩的主要原因包括：2012 年 8 月 15 日的保钓事件及后续的中日钓鱼岛领土纷争的影响，“2014 日美旅游交流年”以及“日韩区域旅游交流年”对日本出境游客的先期引导与促进，多家廉价航空公司对日本出境市场的竞争性分流等。

（三）俄罗斯

2012年，按照游客的规模数量排名，俄罗斯出境旅游列前十位的旅游目的地国家依次是：芬兰、土耳其、中国、埃及、爱沙尼亚、德国、西班牙、希腊、波兰、立陶宛。海滨度假资源丰富的国家仍然受到俄罗斯游客的青睐，而高山滑雪则是俄罗斯游客冬季出游的另一个主要去向，芬兰、德国、意大利、法国、捷克等地的滑雪胜地每年都吸引众多俄罗斯游客前往。

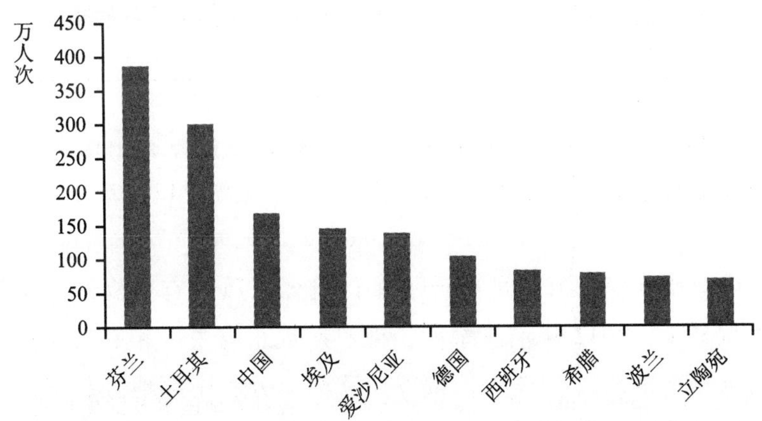

图2-20　2012年前三季度俄罗斯赴境外主要目的地国家旅游的游客数量

资料来源：俄联邦国家统计局和俄联邦边境管理局

表2-2　2000—2012年俄罗斯出境旅游的游客数量表

（单位：万人次）

年份	出境总人次
2000	1837
2001	1793.9
2002	2034.3
2003	2046.4
2004	2441

续表

年份	出境总人次
2005	2847
2006	2910.7
2007	3428.55
2008	3553.75
2009	3033
2010	3932.3
2011	4372.57
2012	4500

2012 年，俄罗斯仍是中国大陆第三大入境旅游客源国，仅次于韩国和日本。据国家旅游局统计数据，2012 年俄罗斯来华旅游 242.62 万人次，同比下降 4.34%。

虽然，俄罗斯旅华客源总量出现下滑，但客源质量有所提高。据俄罗斯旅游部统计数据显示，2012 年前三季度，俄罗斯远东与中国相邻省份通过免签途径赴华旅游人次下滑超过 13%，但俄罗斯欧洲部分和中部地区赴华游客数量增长 5%。远东客源数量下滑的原因主要是东南亚等周边国家分流客源的趋势明显，加之受制于海关政策，因此占赴华俄罗斯客源 60% 的远东边境游下滑势必对俄罗斯赴华总量带来明显冲击。2012—2013 年“中国俄罗斯旅游年”活动持续展开，预计俄罗斯客源市场有望实现新的突破。

（四）美国

美国出境旅游市场经历 2009 年的大幅下跌后，自 2010 年止跌回稳，与其社会经济走势吻合。从出境市场看，墨西哥、加拿大、加勒比、欧洲这几个近程市场仍然处于主导地位；亚洲市场近几年保持较高增幅，但由于远程市场费用高、出游时间长，在目前经济没有完全恢复的情况下，难以成为出境游的主要目标。

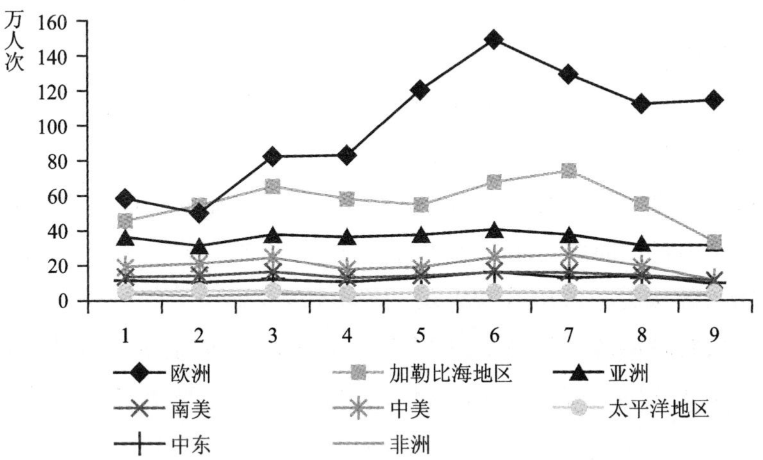

图 2-21 2012 年 1—9 月美国赴各大洲的游客数量图

表 2-3 2006—2011 年美国游客出境前三名目的地国家及数量规模

（单位：万人次）

年份	总数	国家	数量	国家	数量	国家	数量
2006	6366.20	墨西哥	1965.90	加拿大	1385.50	英国	328.60
2007	6402.80	墨西哥	1942.50	加拿大	1337.50	英国	312.30
2008	6356.35	墨西哥	2027.10	加拿大	1250.40	英国	289.40
2009	6141.94	墨西哥	1945.20	加拿大	1166.70	英国	272.70
2010	6026.80	墨西哥	2001.20	加拿大	1174.90	英国	236.60
2011	5870.19	墨西哥	2008.42	加拿大	1159.53	英国	240.48

资料来源：美国旅行及旅游产业办公室

根据国家旅游局最新统计数据，2012 年，美国来华旅游 211.81 万人次，比上年同期上升 0.09%。从 2012 年全年发展态势看，美来华游客客流呈“前高后低”趋势，即上半年呈较大增长态势，下半年呈微弱增长或下降态势。例如：1 月到 6 月，美国来华客源同比增长 3.51%，其中 2 月增长高达 15.85%，7 月最低，为 -4.82%。2012 年伦敦夏季奥运会对出游人群的分流作用，以及驻美使馆下半年收紧赴华签证政策等原因，都导致美国赴华市场下半年的持续走低。

（五）新加坡

由于经济形势不明朗，新加坡消费者信心一度下滑。根据尼尔森国际调查机构数据显示，新加坡消费者信心指数在2012年第三季度已经有所回升。根据新加坡移民与关卡局的统计，2012年1—10月，新加坡公民出境旅行人次数为501万人次（不包括陆路前往马来西亚、泰国等国家者），同比增长3.4%，而同期到中国大陆旅游的人次数却出现了负增长。

根据国家旅游局统计数据，2012年，新加坡赴华旅游人数为102.77万人次，同比下降3.32%，表明中国大陆作为旅游目的地对新加坡游客的吸引力有所下降。

新加坡人口总数约530万，目前每年到中国大陆的旅游人次已达100万之众，市场已经达到充分开发程度，增长空间相对有限。要保持和进一步扩大这一市场规模，需要不断创新产品，同时努力提高旅游服务品质。

（六）澳大利亚

澳大利亚地处南半球，与世界主要客源产生地相距遥远，但其自身亦是全球重要的、位居大洋洲首要位置的传统旅游客源生成国。特别是近年来，在经济增长、货币坚挺、民众出游风气浓厚等因素带动下，其出境旅游已具备较大规模。2010年，澳大利亚居民出境旅游花费230亿美元，居全球第10位，占全球出境旅游总花费的2.4%，这种客源规模吸引了各国国家旅游组织的关注，使得澳大利亚逐步成为外国旅游办事处或代表处的集聚地。据统计，目前澳大利亚吸引了美国、德国、中国、英国、意大利、法国、日本、俄罗斯、西班牙、加拿大、印度等国的外国旅游办事处落户。

2012年，澳洲旅华市场保持了快速增长势头，特别是2010年至2011年在中国举办的“澳大利亚文化年”，2011年至2012年在澳大利亚举办的“中国文化年”凝聚了中澳民众的广泛关注，加之两国间客流的空中运力大幅增容、两国经贸文化往来保持较高水平，均为澳洲旅华市场注入强大能量。2012年1—12月，澳大利亚到访中国大陆游客累计达77.43万人次，同比增长6.63%，在前十八大客源国中的增幅排第三位。

表 2-4 2012 年中国大陆前十八大客源国入境人数同比增长率

国家	入境人数同比增长率（%）	国家	入境人数同比增长率（%）
越南	12.99	印度	0.61
菲律宾	7.57	美国	0.09
澳大利亚	6.63	马来西亚	-0.77
泰国	6.5	韩国	-2.76
法国	6.43	哈萨克斯坦	-2.93
英国	3.8	新加坡	-3.32
德国	3.55	日本	-3.83
印度尼西亚	2.18	俄罗斯	-4.34
蒙古	1.64	加拿大	-5.31

（七）德国

尽管受“欧债危机”困扰，但由于德国经济上能维持微弱增长，“欧债危机”引起的连锁反应对德国旅游业的影响有限，且德国民众视旅游为生活必需，属日常消费优先考虑。根据知名旅游杂志 *travelone* 的调查和 2012 年 11 月柏林会展公司发布的世界旅游趋势报告显示，2012 年德国出境旅游将同比增长 1%，约为 7595 万人次。欧洲内部旅游，特别是周边国家，如法国、奥地利、西班牙、意大利仍是首选，北美和加勒比地区吸引力上升，亚洲地区有增有减。德国是亚太地区第二大客源市场。在前往亚太地区的德国游客中，有 20% 左右的游客会来中国。

2012 年德国赴中国大陆旅游市场开局不错，1 月到 6 月，旅游人数 33.31 万人次，同比增长 8.73%。但从下半年起，市场开始走低，7 月和 8 月只有 1.18% 和 0.4% 的小幅、微弱增长，而后 8 月、10 月、11 月，分别下降 4.44%、3.31% 和 1%，7—11 月同比下降 1%。

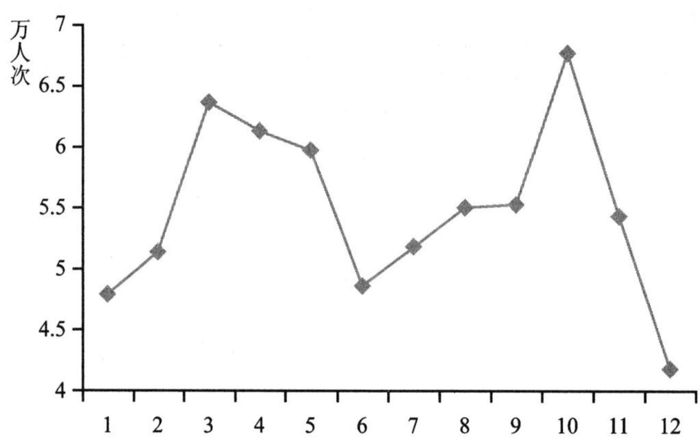

图 2－22　2012 年 1—12 月德国游客赴中国大陆旅游的数量规模变化图

2012 年 1—12 月，德国旅华人数 65. 96 万人次，同比增长 3. 55%。相对于德国在整个欧元区的经济状况和德国整体旅游市场情况，德国旅华市场的增长速度略高于同期德国出境旅游增速。

（八）泰国

2011 年泰国发生严重洪灾，经济陷入谷底。2012 年是泰国经济从特大洪水后恢复的第一年，复苏势头良好。2012 年，泰国旅华人数达到 64. 76 万人次，同比增长 6. 50%。泰国政局安定、经济发展平稳快速，民众生活水平逐步提升，廉价航空加开中国航线，在航空交通便利化、经济化的前提下，预计 2013 年泰国赴华旅游人数将会继续稳步上升。

（九）英国

英国游客的出境旅游目的地以欧美为主，西班牙、美国、意大利是英国前三大出境旅游目的地。

据国家旅游局发布的统计资料显示，2012 年英国赴华游客总数达到 61. 84 万人次，同比增长 3. 80%。这个幅度高出同期外国人入境市场的平均涨幅近三个百分点，显示了旅华英国市场的良性发展态势。

（十）法国

“欧债危机”持续发酵，欧洲经济大环境整体萎靡，这些外因直接拖累了法国经济复苏的步伐。2012 年，标准普尔和穆迪双双下调法国主权信用评级，看淡法国经济前景。根据法国统计及经济研究所（INSEE）公布的数字，在连续 3 个季度的持续低迷后，2012 年第三季度国民生产总值环比小幅增长了 0.2%，预计全年 GDP 增长为零，失业率可能进一步上升。根据法国生产振兴部服务业总局（DGCIS）公布数据显示，2012 年 1～9 月，法国酒店入住率比上年同期降低了 0.8 个百分点，由于受西班牙、意大利市场大幅下滑的拖累，欧洲游客数量整体微幅下降 0.2%。但远程市场增长强劲，美洲市场增长 8.6%，亚洲市场增长 10.2%，中东市场增长 16%；其中，美国市场增长 11.4%，中国市场增长 8.9%，日本市场增长 4.7%。

法国游客的出境旅游目的地以欧洲为主，西班牙、意大利、英国是法国前三大出境旅游目的地。

2012 年，法国旅华游客数量 52.48 万人次，同比增长 6.43%。受到“欧债危机”的负面影响，加之法国经济形势持续低迷、失业率不断攀升，2012 年法国旅华市场能够在逆境中创佳绩，取得高于同期外国人入境市场平均增幅的良好业绩，主要得益于中国国家影响力的逐步提升，法国媒体对中国认知的逐步深入，大大提高了“中国元素”的出现频率，提升了中国作为旅游目的地的知名度，吸引着更多的法国人前去认识这个在他们心目中的国家。此外，网络获取旅游信息的快捷与实效，法国—中国航班运力的增加等客观因素，都有效拓展了旅华法国散客市场。

第三节 中国主要客源国的市场基本态势分析

一、中国入境旅游客源国的市场占有率分析

2004—2012 年，韩国、日本、俄罗斯、美国、马来西亚、越南、新加坡、蒙古、菲律宾、澳大利亚、加拿大、德国等国始终是中国最主要的客源国，其市场占有率之和长期维持在 70% 以上。其中，韩国、日本、俄罗斯、美国一直是中国最主要的客源国，韩国游客的市场占有率长期保持在 14.58%～18.29% 之间，日本游客的市场占有率波动于 12.94%～19.70% 之间，俄罗斯游客的市场占有率保持在 7.95%～12.84% 之间，美国游客的市场占有率基本保持在

7.5%左右（见表2－5）。

表2－5　2004—2012年主要客源国占有率状况

（单位:%）

国家	2004	2005	2006	2007	2008	2009	2010	2011	2012
韩国	16.81	17.51	17.67	18.29	16.28	14.58	15.60	15.44	14.97
日本	19.70	16.74	16.87	15.23	14.17	15.12	14.28	13.49	12.94
俄罗斯	10.59	10.98	10.83	11.50	12.84	7.95	9.07	9.35	8.92
美国	7.73	7.68	7.70	7.28	7.34	7.79	7.69	7.80	7.79
马来西亚	4.38	4.44	4.10	4.07	4.28	4.83	4.77	4.59	4.54
越南	1.00	0.99	1.50	2.50	3.06	3.78	3.52	3.71	4.18
新加坡	3.76	3.73	3.73	3.53	3.60	4.05	3.84	3.92	3.78
蒙古	3.27	3.17	2.84	2.61	2.90	2.63	3.04	3.67	3.71
菲律宾	3.25	3.23	3.17	3.19	3.27	3.41	3.17	3.30	3.54
澳大利亚	2.22	2.39	2.42	2.33	2.35	2.56	2.53	2.68	2.85
加拿大	2.06	2.12	2.25	2.21	2.20	2.51	2.62	2.76	2.60
德国	2.16	2.25	2.25	2.13	2.17	2.36	2.33	2.35	2.43
泰国	2.74	2.90	2.67	2.34	2.28	2.47	2.43	2.24	2.38
印度尼西亚	2.07	1.86	1.95	1.83	1.75	2.14	2.19	2.25	2.29
英国	2.47	2.47	2.49	2.32	2.27	2.41	2.20	2.20	2.27
印度	1.83	1.76	1.82	1.77	1.79	2.05	2.10	2.24	2.24
法国	1.66	1.84	1.81	1.77	1.77	1.94	1.96	1.82	1.93
哈萨克斯坦	0.96	0.92	1.22	1.68	1.24	1.28	1.46	1.87	1.81
意大利	0.72	0.87	0.88	0.82	0.80	0.87	0.88	0.87	0.93
缅甸	0.00	0.00	0.39	1.23	2.09	2.77	1.89	0.70	0.76
荷兰	0.69	0.72	0.76	0.74	0.74	0.76	0.72	0.73	0.72
朝鲜	0.66	0.62	0.50	0.44	0.42	0.47	0.45	0.56	0.67
瑞典	0.51	0.54	0.58	0.56	0.57	0.57	0.59	0.63	0.63

续表

国家	2004	2005	2006	2007	2008	2009	2010	2011	2012
西班牙	0. 37	0. 57	0. 58	0. 52	0. 46	0. 52	0. 53	0. 52	0. 50
新西兰	0. 38	0. 39	0. 37	0. 42	0. 43	0. 46	0. 44	0. 45	0. 47
乌克兰	0. 29	0. 32	0. 36	0. 40	0. 43	0. 39	0. 40	0. 44	0. 44
巴西	0. 17	0. 19	0. 22	0. 26	0. 31	0. 29	0. 33	0. 36	0. 36
巴基斯坦	0. 47	0. 41	0. 39	0. 37	0. 30	0. 37	0. 33	0. 34	0. 36
土耳其	0. 22	0. 25	0. 28	0. 28	0. 25	0. 29	0. 32	0. 37	0. 35
伊朗	0. 20	0. 21	0. 24	0. 27	0. 28	0. 40	0. 45	0. 46	0. 33
丹麦	0. 33	0. 36	0. 38	0. 34	0. 33	0. 35	0. 33	0. 31	0. 31
以色列	0. 25	0. 27	0. 28	0. 28	0. 28	0. 33	0. 32	0. 30	0. 31
瑞士	0. 24	0. 25	0. 26	0. 25	0. 26	0. 29	0. 28	0. 28	0. 31
埃及	0. 09	0. 11	0. 14	0. 16	0. 18	0. 23	0. 23	0. 22	0. 27
南非	0. 20	0. 26	0. 25	0. 22	0. 22	0. 23	0. 25	0. 25	0. 26
比利时	0. 24	0. 25	0. 26	0. 25	0. 25	0. 28	0. 29	0. 26	0. 26
波兰	0. 18	0. 22	0. 24	0. 24	0. 25	0. 24	0. 24	0. 25	0. 25
芬兰	0. 27	0. 29	0. 31	0. 29	0. 29	0. 28	0. 26	0. 24	0. 25
奥地利	0. 26	0. 27	0. 28	0. 24	0. 23	0. 26	0. 26	0. 25	0. 24
墨西哥	0. 14	0. 15	0. 17	0. 18	0. 20	0. 15	0. 19	0. 20	0. 21
乌兹别克斯坦	0. 10	0. 12	0. 15	0. 19	0. 24	0. 23	0. 16	0. 20	0. 21
挪威	0. 21	0. 22	0. 22	0. 19	0. 20	0. 22	0. 20	0. 19	0. 19
孟加拉国	0. 24	0. 27	0. 27	0. 18	0. 13	0. 15	0. 16	0. 18	0. 19
葡萄牙	0. 23	0. 22	0. 20	0. 18	0. 18	0. 20	0. 18	0. 17	0. 18
吉尔吉斯斯坦	0. 23	0. 19	0. 17	0. 19	0. 18	0. 15	0. 14	0. 18	0. 18
斯里兰卡	0. 08	0. 12	0. 11	0. 10	0. 10	0. 11	0. 12	0. 14	0. 16
爱尔兰	0. 13	0. 15	0. 16	0. 15	0. 14	0. 14	0. 14	0. 14	0. 15
尼泊尔	0. 17	0. 14	0. 13	0. 12	0. 09	0. 11	0. 12	0. 12	0. 15
尼日利亚	0. 09	0. 10	0. 11	0. 16	0. 18	0. 23	0. 16	0. 17	0. 14

续表

国家	2004	2005	2006	2007	2008	2009	2010	2011	2012
委内瑞拉	0.05	0.06	0.07	0.07	0.09	0.12	0.11	0.13	0.14
沙特阿拉伯	0.04	0.05	0.06	0.07	0.06	0.09	0.10	0.13	0.13
罗马尼亚	0.10	0.10	0.12	0.12	0.13	0.13	0.13	0.13	0.13
哥伦比亚	0.04	0.06	0.07	0.07	0.09	0.09	0.10	0.12	0.13
希腊	0.14	0.16	0.15	0.15	0.14	0.15	0.13	0.12	0.12
柬埔寨	0.06	0.06	0.06	0.07	0.08	0.09	0.09	0.10	0.11
塔吉克斯坦	0.07	0.07	0.07	0.09	0.09	0.08	0.09	0.10	0.11
约旦	0.07	0.07	0.07	0.07	0.09	0.10	0.10	0.10	0.10
阿尔及利亚	0.06	0.06	0.07	0.08	0.08	0.11	0.10	0.10	0.10
阿根廷	0.05	0.06	0.07	0.07	0.08	0.08	0.09	0.10	0.09
黎巴嫩	0.06	0.06	0.06	0.07	0.08	0.09	0.09	0.08	0.08
也门	0.07	0.06	0.06	0.07	0.07	0.09	0.08	0.07	0.08
捷克	0.00	0.00	0.06	0.07	0.07	0.07	0.07	0.07	0.08
智利	0.03	0.04	0.05	0.05	0.05	0.06	0.06	0.07	0.07
加纳	0.05	0.07	0.08	0.07	0.07	0.07	0.07	0.07	0.06
毛里求斯	0.06	0.06	0.06	0.05	0.06	0.07	0.07	0.07	0.06
保加利亚	0.08	0.08	0.08	0.06	0.07	0.06	0.06	0.07	0.06
克罗地亚	0.07	0.08	0.08	0.07	0.08	0.07	0.06	0.06	0.06
匈牙利	0.04	0.05	0.06	0.06	0.07	0.06	0.06	0.06	0.06
叙利亚	0.06	0.06	0.07	0.07	0.07	0.09	0.08	0.07	0.06
马里	0.07	0.06	0.06	0.08	0.06	0.06	0.06	0.06	0.05
国际游客合计	15.53	16.84	17.78	19.80	18.71	17.35	19.53	20.02	20.54

数据来源：中华人民共和国国家旅游局

二、中国入境旅游客源国的市场增长率分析

2005—2012 年，主要客源国的市场增长率亦呈现出明显的波动式变化趋势。

表 2－6 2005—2012 年主要客源国市场增长率状况

（单位:%）

国家	2005	2006	2007	2008	2009	2010	2011	2012
孟加拉国	-0.22	-0.90	5.19	-28.17	7.12	32.33	3.91	28.13
印度尼西亚	9.43	8.40	24.86	3.50	9.67	11.80	-16.90	22.22
印度	49.30	41.55	36.21	4.77	11.07	19.04	3.18	19.67
伊朗	12.27	-12.48	3.25	-10.42	2.02	12.04	30.60	19.08
以色列	65.60	3.76	7.35	-6.79	-3.23	30.87	23.17	13.16
约旦	18.48	65.99	95.89	13.70	11.43	11.03	9.35	13.02
日本	20.14	17.53	42.09	-3.10	-20.99	33.86	11.12	11.54
哈萨克斯坦	46.83	32.73	11.49	10.65	-5.91	30.07	13.02	11.11
吉尔吉斯斯坦	13.29	22.80	28.40	1.62	8.39	20.70	11.27	11.11
柬埔寨	26.18	12.63	11.61	-1.83	-1.31	18.72	0.95	10.67
韩国	36.73	13.61	11.51	-9.41	-11.12	15.83	5.08	10.53
黎巴嫩	—	—	269.18	58.85	19.40	-18.81	-61.29	7.85
斯里兰卡	19.04	7.67	18.30	-4.53	-5.82	10.59	7.93	7.61
缅甸	50.46	7.25	4.05	-6.08	-6.39	26.97	3.91	7.46
蒙古	36.96	21.57	21.47	5.83	-33.98	52.80	9.42	7.41
马来西亚	44.63	10.36	10.18	-9.69	-1.55	19.79	2.52	7.23
尼泊尔	28.34	11.41	12.88	-5.90	-1.75	17.77	9.78	6.61
巴基斯坦	26.30	0.97	3.32	-9.38	-2.25	17.29	-4.33	6.58
菲律宾	32.33	8.12	15.22	-7.21	-1.21	20.71	-3.85	6.49
朝鲜	32.58	12.00	-20.71	-34.94	2.96	29.02	15.25	6.25

续表

国家	2005	2006	2007	2008	2009	2010	2011	2012
沙特阿拉伯	37.85	7.94	0.57	-1.08	-12.88	0.54	-0.98	6.25
新加坡	44.90	27.19	20.91	5.57	-22.09	15.89	1.32	6.25
叙利亚	79.73	25.74	17.87	17.07	-3.52	31.45	19.09	6.25
泰国	21.37	5.04	32.09	-3.26	-4.51	15.55	4.26	5.79
塔吉克斯坦	46.56	32.25	19.12	17.79	16.04	13.42	18.33	5.71
土耳其	—	—	27.27	-2.24	-9.09	23.56	2.65	5.00
乌兹别克斯坦	31.42	16.23	9.08	-6.26	-13.70	13.66	-6.10	4.62
越南	6.37	3.36	12.57	-25.29	11.86	7.15	6.50	4.30
也门	10.76	1.63	8.50	-9.02	-0.64	9.27	-1.42	4.26
阿尔及利亚	25.92	8.71	3.41	-2.53	-3.63	12.27	-4.67	3.92
埃及	38.65	36.19	52.68	16.03	-14.56	-14.05	26.83	3.70
加纳	19.49	10.60	9.50	-8.85	-4.12	8.73	3.66	3.69
马里	24.51	10.05	11.21	-4.99	-1.95	17.37	4.66	3.61
毛里求斯	7.94	14.67	10.18	-10.66	10.04	22.25	6.21	2.13
尼日利亚	15.93	-1.68	8.04	3.42	-18.23	37.75	25.13	1.61
南非	48.63	16.05	17.49	-1.54	-11.88	15.62	9.48	1.47
奥地利	24.61	13.42	14.79	-6.63	-1.02	25.47	-8.20	1.43
比利时	30.59	12.92	20.80	-7.99	6.82	14.21	-1.66	1.22
保加利亚	26.47	17.55	11.98	-5.13	-8.65	22.85	10.02	1.18
瑞士	28.54	25.98	41.12	10.70	-14.71	33.57	15.23	1.02
捷克	15.21	13.64	14.16	-5.58	2.82	22.36	10.32	0.66
德国	18.86	9.95	11.16	-6.04	-4.29	17.53	5.29	0.09
丹麦	16.50	9.85	23.99	7.34	7.82	11.84	10.48	0.00
西班牙	-5.39	0.94	32.36	-13.11	-24.62	8.10	35.42	0.00
芬兰	17.62	9.99	29.28	10.83	5.96	10.23	3.37	0.00
法国	43.38	26.08	32.06	-21.02	39.42	43.05	28.57	0.00

续表

国家	2005	2006	2007	2008	2009	2010	2011	2012
英国	21.65	33.90	33.49	-0.81	22.97	3.55	8.63	0.00
希腊	33.59	25.54	28.65	1.31	-18.00	22.13	13.52	0.00
克罗地亚	21.26	1.20	16.64	-2.02	1.78	17.58	-0.01	-0.80
匈牙利	29.42	15.10	7.44	-9.56	-4.56	12.13	-1.98	-1.18
爱尔兰	22.90	14.24	2.93	-11.10	-0.09	19.68	-0.43	-1.49
意大利	24.25	15.10	15.63	-6.80	-7.74	13.33	4.69	-1.52
荷兰	84.75	12.63	5.79	-17.92	2.01	20.76	1.26	-2.14
挪威	24.62	10.68	21.73	-17.09	-19.26	27.49	2.66	-2.75
波兰	28.02	29.20	15.30	2.91	-13.70	19.71	8.33	-2.78
葡萄牙	14.88	44.88	62.29	-31.48	-6.94	35.89	33.05	-2.96
罗马尼亚	32.55	8.34	12.29	-10.67	-6.92	8.20	-4.87	-3.03
俄罗斯	35.19	25.89	17.00	-18.21	6.63	31.23	17.22	-3.03
瑞典	18.70	9.53	11.37	-5.01	1.57	12.83	5.91	-3.29
乌克兰	1.67	10.50	6.18	-13.36	-3.73	12.47	-1.96	-3.83
澳大利亚	36.64	17.03	23.60	5.94	-12.48	37.68	12.63	-3.85
新西兰	24.09	8.15	24.90	3.98	-44.20	35.99	6.99	-4.34
加拿大	23.48	16.26	15.52	-7.36	2.92	24.53	9.15	-5.35
墨西哥	23.16	11.29	7.24	4.66	2.38	15.78	3.06	-5.56
美国	24.31	7.35	-4.66	-5.75	-12.68	18.60	9.62	-5.56
阿根廷	1.66	11.03	55.70	-31.15	-14.43	17.65	4.25	-6.67
巴西	21.92	26.63	24.88	-8.13	16.98	6.50	-14.40	-11.11
智利	34.72	27.54	59.42	7.47	16.21	-18.18	8.77	-13.33
哥伦比亚	70.49	28.95	2.19	-1.11	-14.59	17.02	16.60	-15.00
委内瑞拉	25.33	23.39	33.42	-2.83	28.83	33.51	6.84	-27.20

三、中国入境旅游客源国的市场竞争态势分析

以入境旅游主要客源国多年平均市场占有率为 X 轴，以入境旅游主要客源国多年平均市场增长率为 Y 轴线，组合成二维空间；通过各个国家市场占有率和市场增长率均值的确立，可将此二维空间划分为四个象限——Ⅰ象限（X 高 Y 高），Ⅱ象限（X 低 Y 高），Ⅲ象限（X 低 Y 低），Ⅳ象限（X 高 Y 低），从而构建入境旅游主要客源国市场竞争态势模型。由市场竞争态势模型，可将入境旅游主要客源国按照市场占有率和市场增长率的数值大小划分为四类市场，分别对应以上的四个象限。

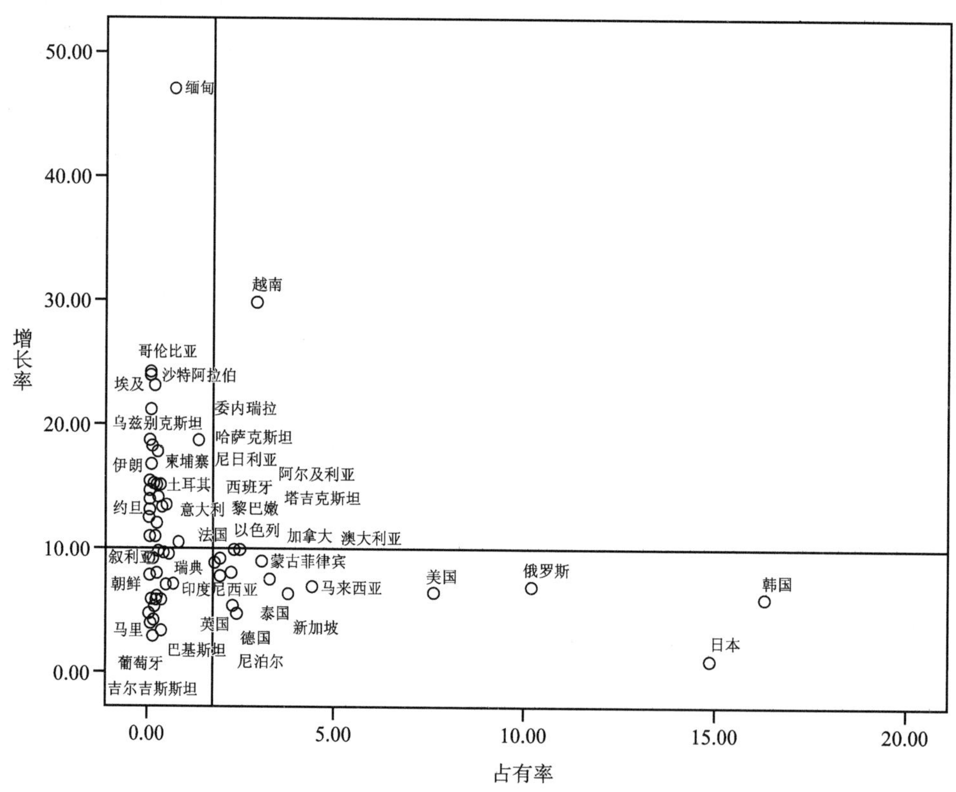

图 2－23　2005—2012 年主要客源国市场竞争态势布局图

（一）基础市场

韩国、日本、俄罗斯、美国、马来西亚、新加坡、菲律宾、蒙古、澳大利亚、泰国、加拿大、英国、德国、印度尼西亚、印度、法国等客源国位于第Ⅳ象限，属基础市场。该类市场又被称为“厚利市场”，其特征是市场增长率低、市场占有率高，市场份额巨大且稳定，是进入相对成熟期的市场。这类市场也是我国国际旅游的主体市场，针对这类市场，宜采取的发展战略是优化市场基本面，力争拓展当前的市场占有率。

韩国 2012 年入境旅游人数为 406.99 万人次，超越日本成为第一，但较 2011 年的总量增长率为 -2.76%；日本 2012 年进入中国大陆旅行的人次为 351.82 万人次，较 2011 年下降了 3.83%；俄罗斯入境旅游人次为 242.62 万人次，同样较 2011 年下降了 4.34%；马来西亚、新加坡、加拿大等国家 2012 年同比增长率也均为负数。这些充分体现了基础市场相对成熟的市场竞争态势：市场占有率较高、市场增长率偏低。

（二）新兴市场

越南等客源国位于第Ⅰ象限，属明星市场。该类市场的特点是市场占有率虽不如基础市场突出，但市场增长率较高。前者说明前景看好，而后者则说明其市场份额的可拓展空间较大。针对这类市场，应采取选择性进攻战略，即首先确定对该象限中那些经过改进可能会成为明星市场的进行重点开发，持续提高其市场占有率。

2012 年赴华旅游的越南游客总量为 113.72 万，同比增长 12.99%。越南位列十大入境国的第六位，是前 20 位入境客源国中增长率最高的国家。虽然其市场占有率不是最高的，但是市场增长率最高，充分反映了其作为新兴市场的竞争态势。

（三）潜力市场

缅甸、哈萨克斯坦、意大利、西班牙、乌克兰、伊朗、土耳其、巴西、南非、波兰、埃及、乌兹别克斯坦、墨西哥、尼日利亚、罗马尼亚、斯里兰卡、委内瑞拉、哥伦比亚、约旦、塔吉克斯坦、柬埔寨、阿根廷、黎巴嫩、加纳、匈牙利、智利等客源国位于第Ⅱ象限，属潜力市场。该类市场的特征是市场增长率目前虽不够突出，但未来其潜在市场空间巨大。

以意大利为例，目前意大利赴华的游客规模仅略超20万人次，2012年入境旅游25.2万人次，比2011年增长7.21%，其国家人口密集，且人均收入高，居民出游能力强，使得该市场仍有很大潜力可挖。针对这类市场可采取有选择的市场“轮作”推广战略，即在适当时机选择某几个客源地进行精准营销，而不是进行全面的营销“漫灌”。

（四）机会市场

荷兰、瑞典、朝鲜、新西兰、巴基斯坦、丹麦、以色列、芬兰、瑞士、比利时、奥地利、挪威、孟加拉国、葡萄牙、吉尔吉斯斯坦、爱尔兰、希腊、尼泊尔、阿尔及利亚、沙特阿拉伯、也门、克罗地亚、捷克、叙利亚、保加利亚、毛里求斯、马里等客源国位于第Ⅲ象限，属机会市场。该类市场的基本特征是客源规模小，未来具有一定的发展潜力，但在人口基数、距离、居民收入水平等的约束下，可以培育的大市场也将较为有限。

2012年，荷兰入境中国大陆旅游人次为19.55万，较2011年增长率为-1.04%；朝鲜入境旅游总人次为18.06万人次，增长率为18.56%；巴基斯坦入境旅游人次为9.67万，增长率为4.53%；新西兰入境旅游人次为12.83万，增长率为6.08%。这些国家来华旅游人次均未超过20万，客源规模较小，但未来有一定的发展潜力，然而因人口、距离等因素，发展的空间也很有限，因此这种类型的客源国为我国入境旅游的机会市场。

第三章

2012年中国大陆入境旅游的空间布局与境内扩散

第一节 入境旅游的空间布局状况

一、入境旅游客流的空间分布状况

2012 年入境旅游客流分布的地域依旧集中在东部省市地区，中西部相对较少。

表 3-1 2008—2012 年中国大陆各省区（市）接待入境游客数量及份额

省区（市）\年度	2012		2011		2010		2009		2008	
	万人次	份额（%）	万人次	份额（%）	万人次	份额（%）	万人次	份额（%）	万人次	份额（%）
北京	500.86	4.31	520.40	4.88	490.07	5.07	412.51	5.13	379.04	5.05
天津	73.75	0.63	73.06	0.69	166.07	1.72	141.02	1.75	122.04	1.63
河北	129.32	1.11	114.14	1.07	97.74	1.01	84.22	1.05	75.02	1.00
山西	189.18	1.63	155.32	1.46	130.29	1.35	106.78	1.33	93.93	1.25
内蒙古	159.17	1.37	151.52	1.42	142.80	1.48	128.96	1.60	154.93	2.07
辽宁	473.13	4.07	405.33	3.80	361.80	3.75	293.20	3.65	241.87	3.22
吉林	118.27	1.02	99.32	0.93	82.01	0.85	68.05	0.85	61.73	0.82
黑龙江	207.62	1.79	206.52	1.94	172.42	1.79	142.51	1.77	200.61	2.67
上海	651.23	5.60	668.61	6.27	733.72	7.60	533.39	6.63	526.47	7.02
江苏	791.54	6.81	737.33	6.92	653.55	6.77	556.83	6.93	544.30	7.26
浙江	865.93	7.45	773.69	7.26	684.71	7.09	570.64	7.10	539.67	7.19
安徽	331.47	2.85	262.87	2.47	198.42	2.05	156.16	1.94	132.09	1.76
福建	493.67	4.25	427.42	4.01	368.14	3.81	312.03	3.88	293.19	3.91
江西	156.18	1.34	135.83	1.27	113.97	1.18	96.43	1.20	80.21	1.07
山东	469.91	4.04	424.23	3.98	366.79	3.80	310.04	3.86	253.67	3.38
河南	190.77	1.64	168.29	1.58	146.84	1.52	125.85	1.57	104.36	1.39
湖北	264.72	2.28	213.52	2.00	181.74	1.88	133.46	1.66	118.75	1.58

续表

年度 / 省区（市）	2012		2011		2010		2009		2008	
	万人次	份额（%）	万人次	份额（%）	万人次	份额（%）	万人次	份额（%）	万人次	份额（%）
湖南	224.55	1.93	227.63	2.14	189.87	1.97	130.87	1.63	111.02	1.48
广东	3489.43	30.01	3331.63	31.27	3140.93	32.52	2747.80	34.18	2567.97	34.24
广西	350.27	3.01	302.79	2.84	250.24	2.59	209.85	2.61	201.02	2.68
海南	81.58	0.70	81.43	0.76	66.33	0.69	55.15	0.69	70.65	0.94
重庆	224.28	1.93	186.40	1.75	137.02	1.42	104.81	1.30	87.19	1.16
四川	227.34	1.96	163.97	1.54	104.93	1.09	84.99	1.06	69.95	0.93
贵州	70.50	0.61	58.51	0.55	50.01	0.52	39.95	0.50	39.54	0.53
云南	457.84	3.94	395.38	3.71	329.15	3.41	284.49	3.54	250.22	3.34
西藏	19.49	0.17	27.08	0.25	22.83	0.24	17.49	0.22	6.80	0.09
陕西	335.24	2.88	270.41	2.54	212.17	2.20	145.08	1.80	125.73	1.68
甘肃	10.20	0.09	9.11	0.09	7.02	0.07	6.07	0.08	8.32	0.11
青海	4.73	0.04	5.17	0.05	4.67	0.05	3.61	0.04	2.99	0.04
宁夏	1.90	0.02	1.95	0.02	1.80	0.02	1.45	0.02	1.16	0.02
新疆	62.49	0.54	56.37	0.53	50.94	0.53	35.49	0.44	36.32	0.48
总计	11626.57	100.00	10655.23	100.00	9658.98	100.00	8039.19	100.00	7500.75	100.00

数据来源：中华人民共和国国家旅游局网站：http：//www. cnta. gov. cn/

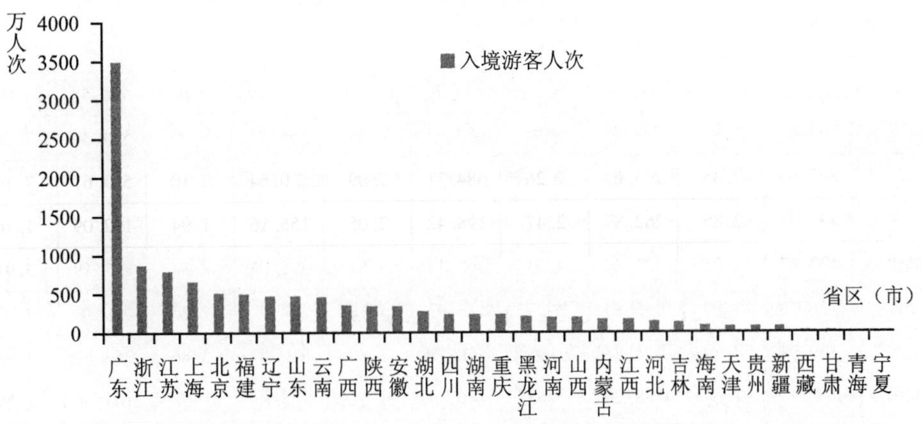

图 3－1　2012 年中国大陆各省区（市）接待入境游客数量衰减变化图

2012 年广东省接待入境游客 3489.43 万人次，占全国的 30.01%，居各省区之首。2012 年接待入境游客人次排名前 10 位的省区（市）依次为广东、浙江、江苏、上海、北京、福建、辽宁、山东、云南、广西。这 10 个省区（市）接待入境游客数量占全国的 73.49%。省区（市）排名与 2011 年相比略有变动——辽宁上升为一位。显然，入境游客在我国东中西部三大地带的地域不均衡性十分显著，入境旅游客流高度集中于我国的东部地区。

按照各省区（市）接待入境游客数量，可将中国大陆 31 个省区（市）划分为三大类：前 10 名为第一类区域，中间 10 名为第二类区域，后 11 名为第三类区域，则可得到各省区（市）接待入境游客数量空间分布图。

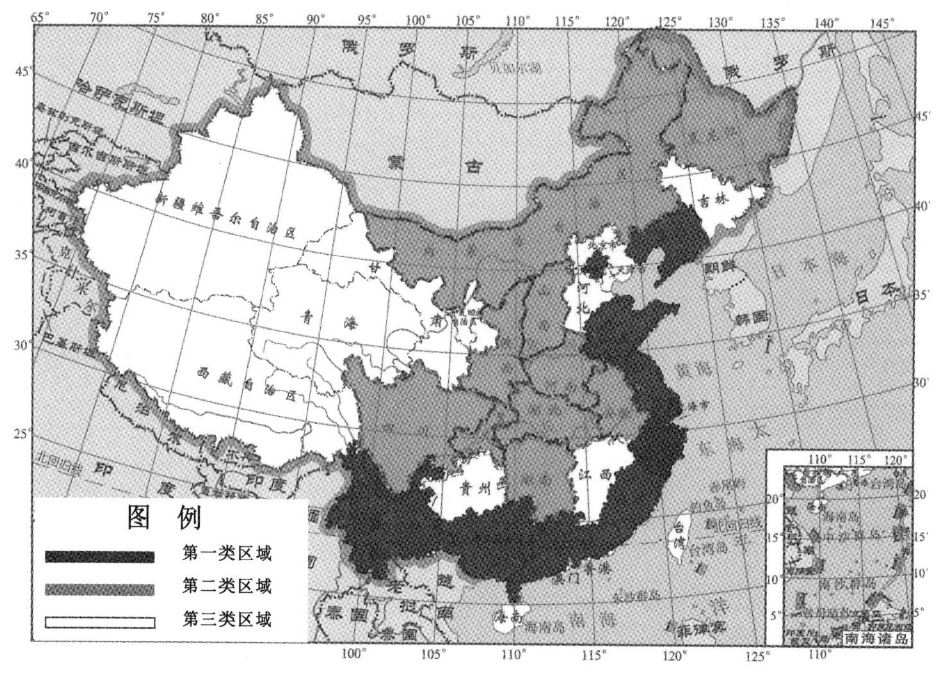

图 3-2　2012 年入境游客规模空间分布图

资料来源：国家测绘地理信息局网站。审图号：GS（2008）1360 号。

入境游客数量排名前 10 的第一类区域大多分布在我国东部地区；中间 10 名的第二类区域则主要集中在我国中部地区；后 11 名为第三类区域，主要为我国西部地区。这与东中西部地区的区位状况、交通可进入便捷程度、经济发展状况以及国际知名度等关键因素都有直接或间接的关系。

二、入境旅游外汇收入的空间布局状况

2012 年入境旅游外汇收入的地域分布与客流分布密切相关，相应地，入境旅游外汇收入高的地区集中在东部沿海城市，中西部城市外汇收入相对较低。

表 3－2　2008—2012 年中国大陆各省区（市）入境旅游外汇收入及份额

年度 / 省区（市）	2012		2011		2010		2009		2008	
	亿美元	份额（%）	亿美元	份额（%）	亿美元	份额（%）	亿美元	份额（%）	亿美元	份额（%）
北京	51.49	7.74	54.16	9.07	50.45	9.71	43.57	10.27	44.59	11.23
天津	22.26	3.35	17.56	2.94	14.20	2.73	11.83	2.79	10.01	2.52
河北	5.45	0.82	4.48	0.75	3.51	0.67	3.08	0.73	2.74	0.69
山西	7.20	1.08	5.67	0.95	4.65	0.89	3.78	0.89	3.01	0.76
内蒙古	7.72	1.16	6.71	1.12	6.02	1.16	5.58	1.32	5.77	1.45
辽宁	32.64	4.91	27.13	4.55	22.59	4.35	18.56	4.38	15.26	3.84
吉林	4.95	0.74	3.85	0.65	3.05	0.59	2.43	0.57	2.11	0.53
黑龙江	8.35	1.26	9.18	1.54	7.63	1.47	6.39	1.51	8.70	2.19
上海	54.93	8.26	57.51	9.64	63.41	12.20	47.44	11.18	49.72	12.52
江苏	63.00	9.47	56.53	9.47	47.83	9.20	40.16	9.47	38.80	9.77
浙江	51.52	7.75	45.42	7.61	39.30	7.56	32.24	7.60	30.24	7.62
安徽	15.63	2.35	11.79	1.98	7.09	1.36	5.66	1.33	4.54	1.14
福建	42.26	6.35	36.34	6.09	29.78	5.73	25.99	6.13	23.94	6.03
江西	4.85	0.73	4.15	0.70	3.46	0.67	2.90	0.68	2.52	0.63
山东	29.24	4.40	25.51	4.27	21.55	4.15	17.65	4.16	13.91	3.50
河南	6.11	0.92	5.49	0.92	4.99	0.96	4.33	1.02	3.74	0.94
湖北	12.03	1.81	9.40	1.58	7.51	1.45	5.10	1.20	4.43	1.11
湖南	9.28	1.40	10.14	1.70	9.06	1.74	6.73	1.59	6.17	1.56
广东	156.11	23.47	139.06	23.30	123.83	23.82	100.28	23.64	91.75	23.11

续表

省区（市）＼年度	2012		2011		2010		2009		2008	
	亿美元	份额（%）	亿美元	份额（%）	亿美元	份额（%）	亿美元	份额（%）	亿美元	份额（%）
广西	12.79	1.92	10.52	1.76	8.06	1.55	6.43	1.52	6.02	1.52
海南	3.48	0.52	3.76	0.63	3.22	0.62	2.77	0.65	3.14	0.79
重庆	11.68	1.76	9.68	1.62	7.03	1.35	5.37	1.27	4.50	1.13
四川	7.98	1.20	5.94	0.99	3.54	0.68	2.89	0.68	1.54	0.39
贵州	1.69	0.25	1.35	0.23	1.30	0.25	1.10	0.26	1.17	0.29
云南	19.47	2.93	16.09	2.70	13.24	2.55	11.72	2.76	10.08	2.54
西藏	1.06	0.16	1.30	0.22	1.04	0.20	0.79	0.19	0.31	0.08
陕西	15.97	2.40	12.95	2.17	10.16	1.95	7.71	1.82	6.60	1.66
甘肃	0.22	0.03	0.17	0.03	0.15	0.03	0.13	0.03	0.16	0.04
青海	0.24	0.04	0.27	0.04	0.20	0.04	0.15	0.04	0.10	0.03
宁夏	0.05	0.01	0.06	0.01	0.06	0.01	0.04	0.01	0.03	0.01
新疆	5.51	0.83	4.65	0.78	1.85	0.36	1.37	0.32	1.36	0.34
总计	665.17	100.00	596.82	100.00	519.75	100.00	424.16	100.00	396.96	100.00

数据来源：中华人民共和国国家旅游局网站：http：//www.cnta.gov.cn/

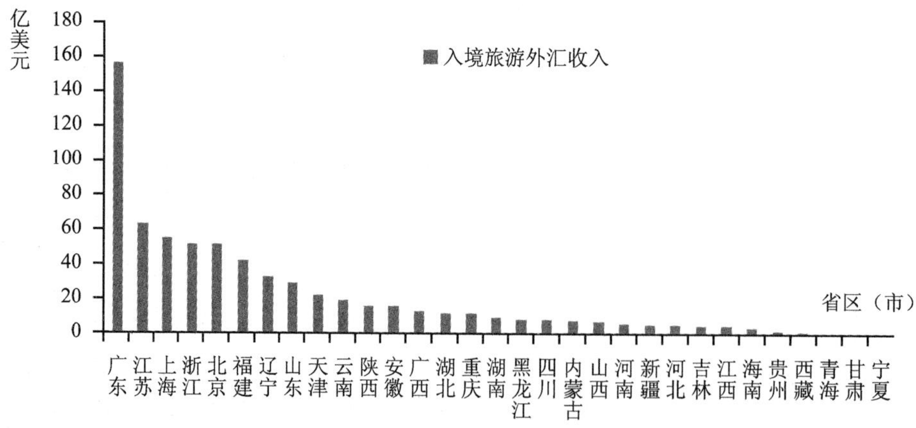

图3-3　2012年中国大陆各省区（市）入境旅游外汇收入衰减变化图

2012 年广东省入境旅游外汇收入为 156.11 亿美元，占全国旅游外汇收入的 23.47%，居各省区（市）之首。2012 年入境旅游外汇收入排名前 10 位的省区（市）依次为广东、江苏、上海、浙江、北京、福建、辽宁、山东、天津、云南。这 10 个省区（市）实现旅游外汇收入占全国的 78.61%。省区（市）排名与 2011 年相比略有变动——江苏、浙江均上升一位。显然，东部省区（市）的入境旅游外汇收入占据我国旅游市场的绝大部分份额，这与东部省区（市）较多的入境游客数量基本保持一致。

按照各省区（市）入境旅游外汇收入，可将中国大陆 31 个省区（市）划分为三大类：前 10 名为第一类区域，中间 10 名为第二类区域，后 11 名为第三类区域，则可得到各省区（市）入境旅游外汇收入空间分布图。

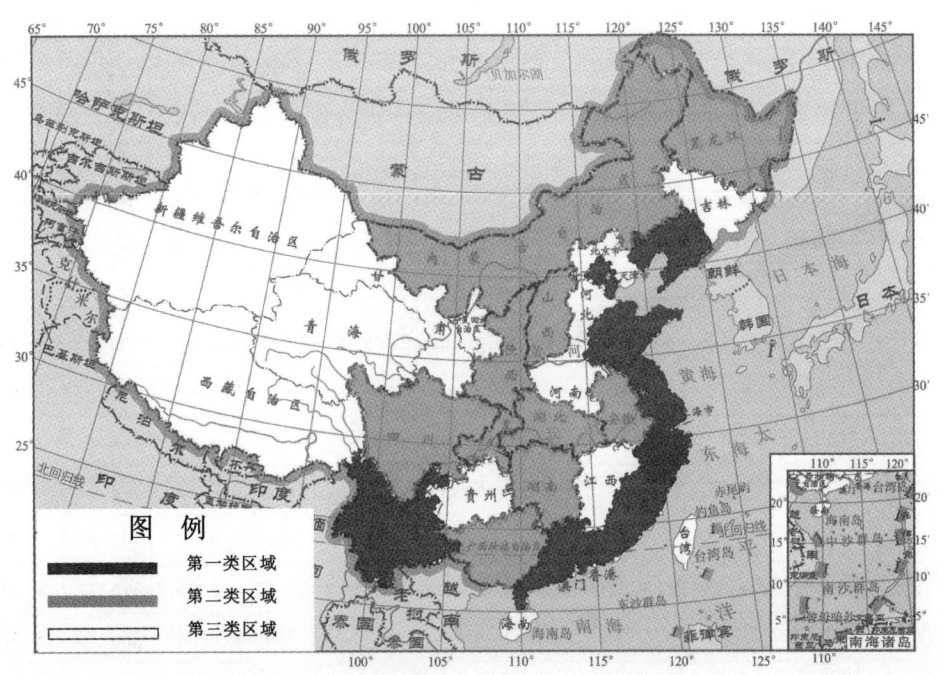

图 3－4　2012 年入境旅游外汇收入空间分布图

资料来源：国家测绘地理信息局网站。审图号：GS（2008）1360 号。

外汇收入排名前 10 的第一类区域主要分布在我国东部省区（市），第二类区域即排在中间 10 名的省区（市）则主要在中部地区，后 11 名省区（市）作为第三类区域则主要集中在我国西部地区。

三、入境外国游客的空间布局状况

入境外国游客的分布格局则与入境游客人次和入境旅游外汇收入稍有不同，除东部地区依旧凭借其优势的区位状况、良好的经济发展态势以及较高的国际知名度等因素占据全国大部分份额之外，云南、黑龙江、陕西等省或凭借其地处边境的地理位置，或凭借独有的历史文化氛围，接待入境外国游客数量也位于全国前列。

表 3-3　2008—2012 年中国大陆各省区接待外国游客数量及份额

年度 / 省区（市）	2012		2011		2010		2009		2008	
	万人次	份额（%）	万人次	份额（%）	万人次	份额（%）	万人次	份额（%）	万人次	份额（%）
北京	434.40	6.80	447.41	7.56	421.63	7.79	342.92	7.76	335.72	7.85
天津	63.71	1.00	63.58	1.07	153.05	2.83	130.58	2.95	113.00	2.64
河北	106.71	1.67	98.27	1.66	85.31	1.58	74.69	1.69	67.02	1.57
山西	120.42	1.88	98.25	1.66	82.09	1.52	66.63	1.51	57.94	1.36
内蒙古	151.46	2.37	147.64	2.49	140.02	2.59	126.61	2.86	153.23	3.58
辽宁	388.59	6.08	339.41	5.73	307.01	5.67	250.74	5.67	207.27	4.85
吉林	100.90	1.58	85.49	1.44	72.16	1.33	58.29	1.32	52.46	1.23
黑龙江	194.73	3.05	197.84	3.34	164.83	3.05	135.03	3.06	193.34	4.52
上海	539.64	8.44	554.99	9.37	593.12	10.96	439.05	9.93	441.62	10.33
江苏	575.21	9.00	537.91	9.09	473.50	8.75	396.07	8.96	396.11	9.27
浙江	570.51	8.92	515.04	8.70	447.41	8.27	377.60	8.54	366.13	8.56
安徽	190.41	2.98	151.75	2.56	117.40	2.17	97.75	2.21	90.82	2.12
福建	167.01	2.61	140.02	2.36	115.27	2.13	97.84	2.21	98.64	2.31
江西	50.39	0.79	43.98	0.74	39.92	0.74	38.76	0.88	30.83	0.72
山东	342.23	5.35	312.33	5.28	277.87	5.14	241.19	5.46	206.43	4.83
河南	118.74	1.86	104.29	1.76	96.09	1.78	82.76	1.87	67.91	1.59
湖北	192.96	3.02	160.11	2.70	138.55	2.56	101.76	2.30	92.66	2.17

续表

省区（市）＼年度	2012		2011		2010		2009		2008	
	万人次	份额（%）	万人次	份额（%）	万人次	份额（%）	万人次	份额（%）	万人次	份额（%）
湖南	90.64	1.42	119.80	2.02	103.30	1.91	64.08	1.45	71.10	1.66
广东	773.05	12.09	749.34	12.66	733.28	13.55	617.94	13.98	608.82	14.24
广西	192.70	3.01	171.48	2.90	141.39	2.61	117.38	2.66	120.01	2.81
海南	51.97	0.81	56.16	0.95	47.40	0.88	37.21	0.84	53.08	1.24
重庆	152.63	2.39	132.61	2.24	103.96	1.92	84.80	1.92	74.28	1.74
四川	151.29	2.37	113.73	1.92	74.97	1.39	61.49	1.39	47.77	1.12
贵州	30.42	0.48	23.62	0.40	18.61	0.34	16.28	0.37	18.22	0.43
云南	329.77	5.16	281.00	4.75	231.23	4.27	191.79	4.34	169.18	3.96
西藏	17.46	0.27	24.90	0.42	21.41	0.40	16.25	0.37	6.29	0.15
陕西	233.66	3.66	189.91	3.21	155.24	2.87	114.42	2.59	93.67	2.19
甘肃	6.69	0.10	5.47	0.09	4.99	0.09	4.51	0.10	5.98	0.14
青海	3.84	0.06	4.11	0.07	3.39	0.06	2.47	0.06	2.06	0.05
宁夏	1.43	0.02	1.37	0.02	1.29	0.02	1.16	0.03	0.93	0.02
新疆	49.02	0.77	48.77	0.82	45.44	0.84	31.84	0.72	32.77	0.77
总计	6392.59	100.00	5920.59	100.00	5411.12	100.00	4419.88	100.00	4275.31	100.00

数据来源：中华人民共和国国家旅游局网站：http：//www.cnta.gov.cn/

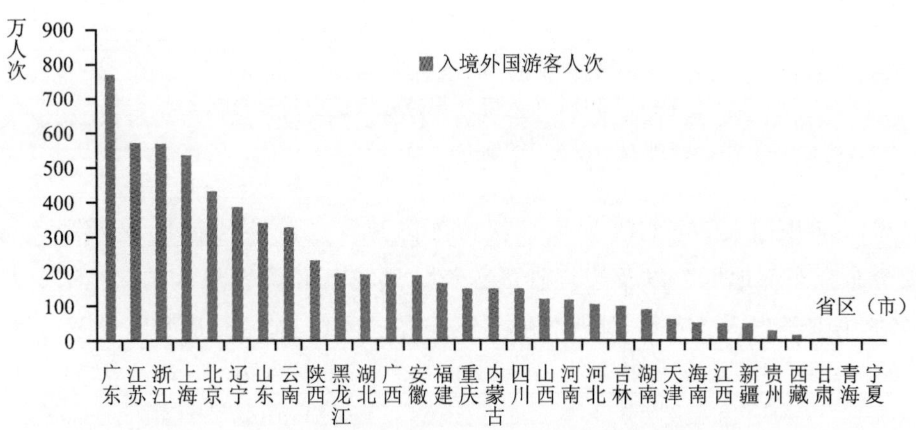

图3-5 2012年中国大陆各省区接待外国游客数量衰减变化图

2012 年广东省接待外国游客 773.05 万人次，占全国的 12.09%，位居各省区（市）之首。2012 年接待外国游客人次排名前 10 位的省区（市）依次为广东、江苏、浙江、上海、北京、辽宁、山东、云南、陕西、黑龙江。这 10 个省区（市）接待外国游客数量占全国的 68.54%。省区（市）排名与 2011 年相比略有变动——江苏、浙江、陕西均上升一位。

按照各省区（市）接待外国游客数量，可将中国大陆 31 个省区（市）划分为三大类：前 10 名为第一类区域，中间 10 名为第二类区域，后 11 名为第三类区域，则可得到各省区（市）接待入境外国游客数量空间分布图。

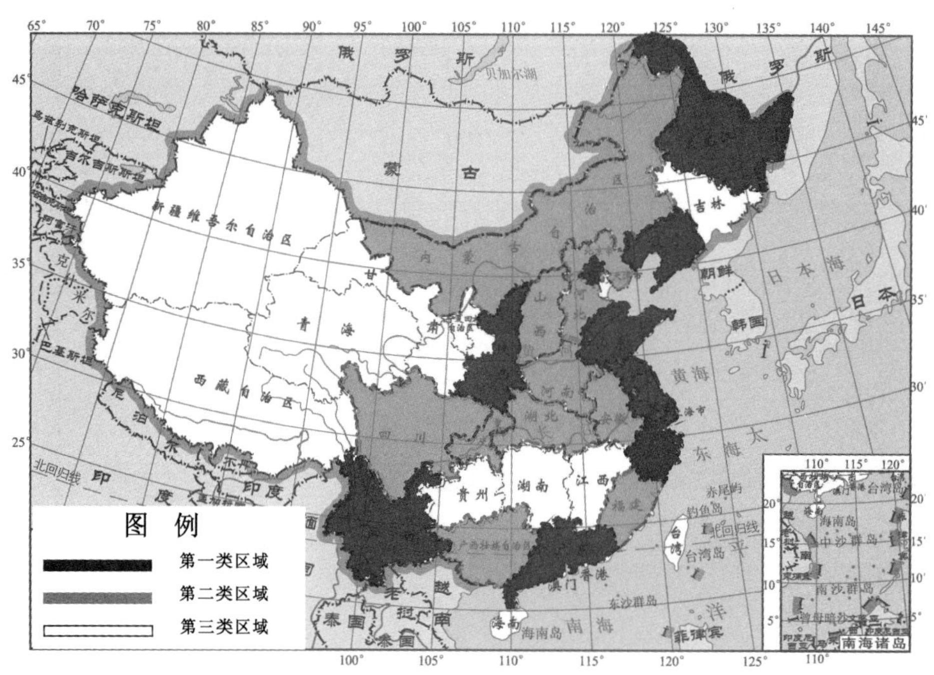

图 3-6　2012 年入境外国游客规模空间分布图

资料来源：国家测绘地理信息局网站。审图号：GS（2008）1360 号。

2012 年中国大陆各省区（市）接待外国游客数量排名前 10 的第一类区域主要分布在东部地区，以及边境省区云南、黑龙江和历史悠久的陕西省，中间 10 名的第二类省区（市）则集中在中部区域，后 11 位主要是西部省区（市）。

第二节　典型城市入境旅游客流的流向与扩散路径分析

一、北京市入境旅游的流向与扩散路径分析

（一）主要流向：东南向、西南向、东北向、南向

中国旅游研究院2012 年度的抽样调查资料显示，入境游客以北京为节点向外部扩散，排名前 11 位的主要扩散目的地城市依次为：上海、西安、成都、沈阳、广州、杭州、天津、平遥、青岛、大连、重庆。

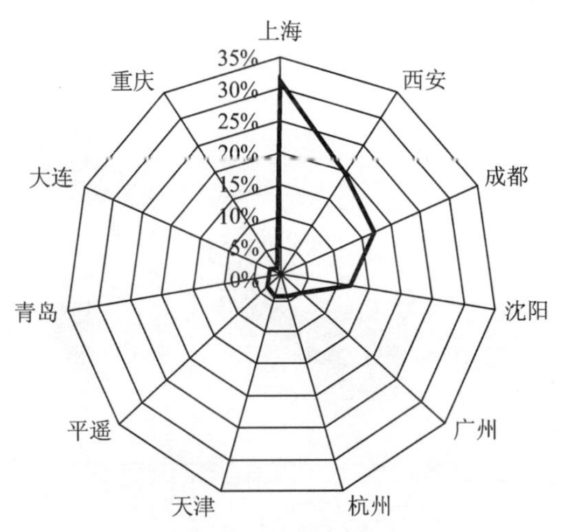

图 3－7　入境游客以北京为节点向其他城市扩散雷达图

从入境游客以北京为节点向其他城市扩散的数量份额来看，北京扩散至上海的游客最多，占总扩散人次的 31.29%；其次是北京扩散至西安的游客，占总扩散人次的 19.39%，排名第二；北京扩散至成都的游客占总扩散人次的 17.01%，排名第三；北京扩散至沈阳的游客占总扩散人次的 10.88%，排名第四；北京扩散至广州的游客占总扩散人次的 4.42%，排名第五；北京扩散至杭州、天津的游客各自均占总扩散人次的 3.74%，并列第六名；北京扩散至平遥的游客占总扩散人次的 3.06%，排名第八；北京扩散至青岛、大连的游客各自

均占总扩散人次的 2.38%，并列第九名；北京扩散至重庆的游客占总扩散人次的 1.70%，排名第十一名。

由此可见，入境游客以北京为节点向其他城市扩散的等级性和近程性特征十分显著，超过 80% 的入境游客扩散至上海、西安、成都、沈阳、广州等一线城市或旅游资源同样丰富的城市；另有接近 14% 的入境游客扩散至杭州、天津、青岛、重庆；5% 的入境游客扩散至平遥、大连等旅游城市；其余极少数游客扩散至其他城市（区域）。

按照客流的扩散方向，入境游客以北京为节点向其他城市扩散主要集中在四个方向：东南向、西南向、东北向、南向。

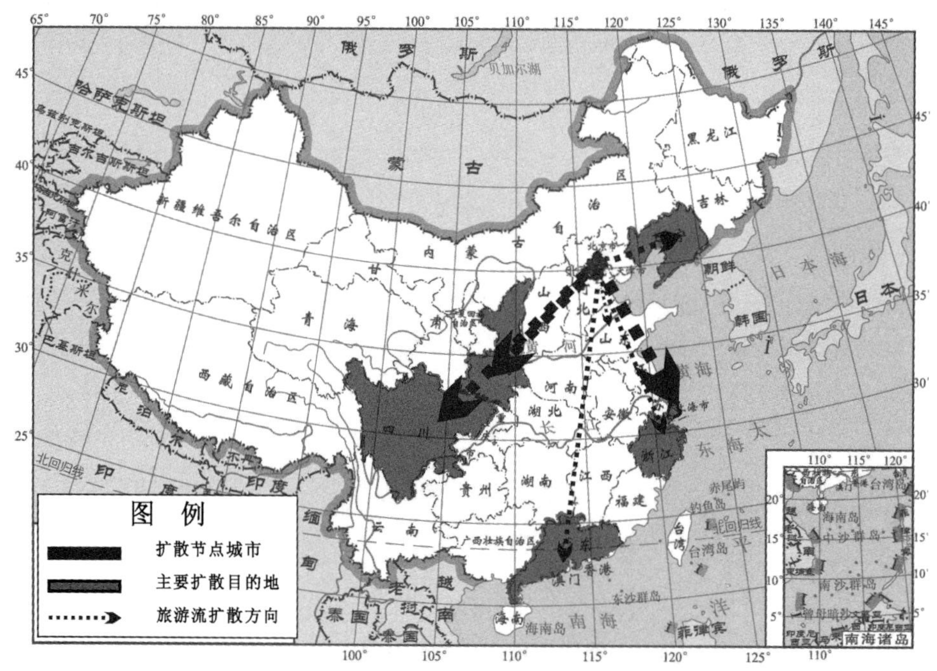

图 3－8　入境游客以北京为节点的扩散方向示意图

资料来源：国家测绘地理信息局网站。审图号：GS（2008）1360 号。

（二）扩散路径：20 条主要扩散路径

由于入境游客扩散路径的集中化程度较高，扩散路径呈现出较强的规律性特征。根据中国旅游研究院 2012 年度的抽样调查问卷结果，将入境游客以北京为节点的旅游扩散路径进行归纳总结，从中整理出主要的客流扩散方向，结合不同方向覆盖区域所包含的入境旅游典型城市，可从中筛选出 20 条具有代表性的旅游扩散路径。其中：

（1）入境游客以北京为节点向东南向的扩散路径较有代表性的有五条：①北京→上海→西安路径的人数比例最高，占总扩散人次的17.29%，排名第一；②北京→上海路径次之，占总扩散人次的8.78%，排名第二；③北京→上海→成都路径和北京→杭州→上海路径，两条路径各自均占总扩散人次的3.19%，并列第三；④北京→上海→广州路径占总扩散人次的2.39%，排名第五。

（2）入境游客以北京为节点向西南方向的扩散路径较有代表性的有五条：①北京→西安路径的人数比例最高，占总扩散人次的11.7%，排名第一；②北京→西安→上海路径次之，占总扩散人次的9.31%，排名第二；③北京→西安→成都路径占总扩散人次的6.91%，排名第三；④北京→西安→桂林路径占总扩散人次的2.66%，排名第四；⑤北京→西安→杭州路径占总扩散人次的1.33%，排名第五。

（3）入境游客以北京为节点向东北方向的扩散路径较有代表性的有五条：①北京→沈阳路径的人数比例最高，占总扩散人次的7.45%，排名第一；②北京→天津路径次之，占总扩散人次的3.19%，排名第二；③北京→大连路径占总扩散人次的2.93%，排名第三；④北京→哈尔滨路径占总扩散人次的1.60%，排名第四；⑤北京→长春路径占总扩散人次的1.06%，排名第五。

（4）入境游客以北京为节点向南向的扩散路径较有代表性的有五条：①北京→成都路径的人数比例最高，占总扩散人次的5.32%，排名第一；②北京→成都→上海路径占总扩散人次的3.99%，排名第二；③北京→广州路径次之，占总扩散人次的3.19%，排名第三；④北京→杭州→上海路径占总扩散人次的2.66%，排名第四；⑤北京→重庆路径占总扩散人次的1.86%，排名第五。

表3-4　入境游客以北京为节点的主要扩散路径

路径类别	扩散路径				
东南向扩散路径	北京→上海→西安	北京→上海	北京→上海→成都	北京→杭州→上海	北京→上海→广州
人数比例	17.29%	8.78%	3.19%	3.19%	2.39%
西南向扩散路径	北京→西安	北京→西安→上海	北京→西安→成都	北京→西安→桂林	北京→西安→杭州
人数比例	11.70%	9.31%	6.91%	2.66%	1.33%

续表

路径类别	扩散路径				
东北向扩散路径	北京→沈阳	北京→天津	北京→大连	北京→哈尔滨	北京→长春
人数比例	7.45%	3.19%	2.93%	1.60%	1.06%
南向扩散路径	北京→成都	北京→成都→上海	北京→广州	北京→杭州→上海	北京→重庆
人数比例	5.32%	3.99%	3.19%	2.66%	1.86%

从这20条主要的扩散路径可以看出：入境游客离开北京之后，继续向中国其他城市扩散转移，其中上海、西安、成都、杭州、广州、桂林、沈阳、天津、大连、哈尔滨、长春、重庆等热点旅游城市是入境游客离开北京之后在境内扩散的主要途经地。

二、上海市入境旅游的流向与扩散路径分析

（一）主要流向：北向、南向、西北向、西向、西南向

中国旅游研究院2012年度的抽样调查资料显示，入境游客以上海为节点向外部扩散，排名前11位的主要扩散目的地城市依次为：北京、杭州、西安、广州、苏州、成都、南京、昆明、沈阳、天津、桂林。

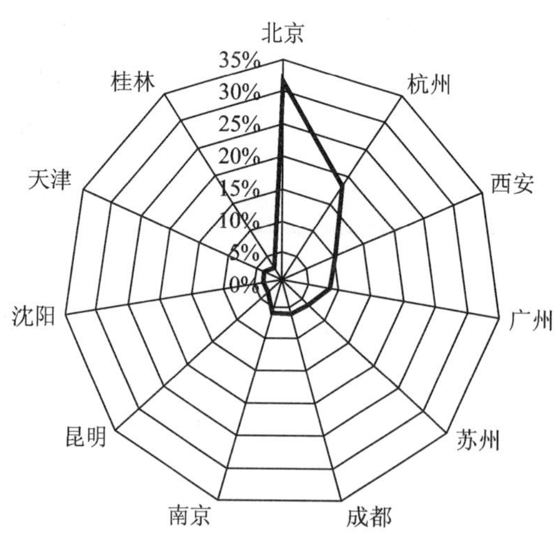

图3-9　入境游客以上海为节点向其他城市扩散雷达图

从入境游客以上海为节点向其他城市扩散的数量份额来看，上海扩散至北京的游客最多，占总扩散人次的 33.53%；其次是上海扩散至杭州的游客，占总扩散人次的 19.16%，排名第二；上海扩散至西安的游客占总扩散人次的 10.48%，排名第三；上海扩散至广州的游客占总扩散人次的 8.38%，排名第四；上海扩散至苏州的游客占总扩散人次的 5.99%，排名第五；上海扩散至成都的游客占总扩散人次的 5.69%，排名第六；上海扩散至南京的游客占总扩散人次的 5.39%，排名第七；上海扩散至昆明、沈阳、天津的游客各自均占总扩散人次的 2.99%，并列第八名；上海扩散至桂林的游客占总扩散人次的 2.4%，排名第十一名。

由此可见，入境游客以上海为节点向其他城市扩散的等级性和近程性特征十分显著，超过 70% 的入境游客扩散至北京、杭州、西安、广州等一线城市或旅游资源同样丰富的城市；另有 20% 的入境游客扩散至成都、南京、昆明、沈阳、天津省会城市；8% 左右的入境游客扩散至苏州、桂林等旅游城市；其余极少数游客扩散至其他城市（区域）。

按照客流的扩散方向，入境游客以上海为节点向其他城市扩散主要集中在五个方向：北向、南向、西北向、西向、西南向。

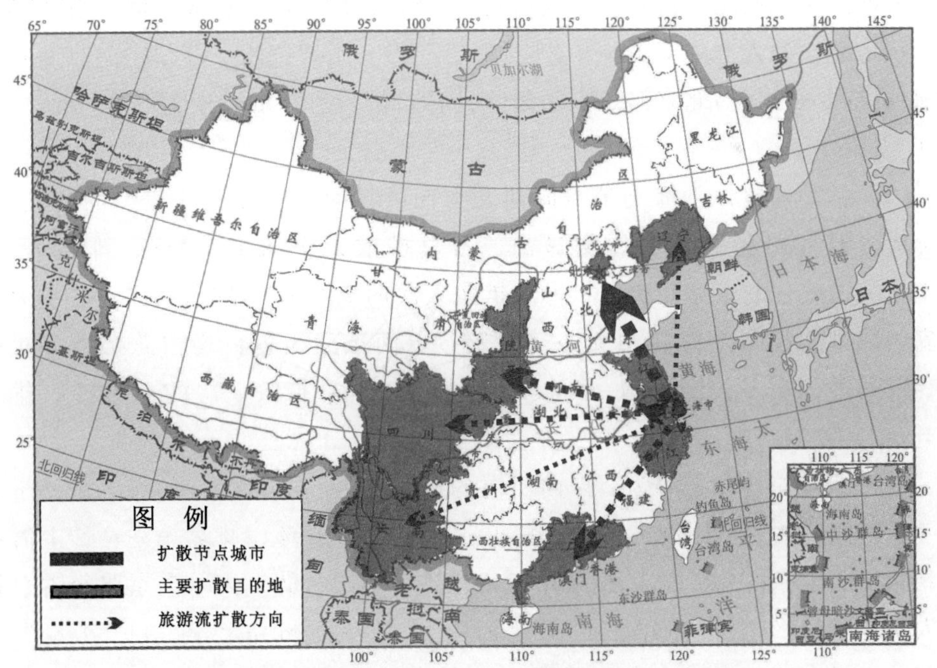

图 3-10 入境游客以上海为节点的扩散方向示意图

资料来源：国家测绘地理信息局网站。审图号：GS（2008）1360 号。

（二）扩散路径：25条主要扩散路径

由于入境游客扩散路径的集中化程度较高，扩散路径呈现出较强的规律性特征。根据中国旅游研究院2012年度的抽样调查问卷结果，将入境游客以上海为节点的旅游扩散路径进行归纳总结，从中整理出主要的客流扩散方向，结合不同方向覆盖区域所包含的入境旅游典型城市，可从中筛选出25条具有代表性的旅游扩散路径。其中：

（1）入境游客以上海为节点向北向的扩散路径较有代表性的有五条：①上海→北京路径的人数比例最高，占总扩散人次的17.8%，排名第一；②上海→北京→西安路径次之，占总扩散人次的4.55%，排名第二；③上海→北京→西安→桂林路径和上海→北京→成都路径，两条路径各自均占总扩散人次的3.79%，并列第三；④上海→北京→苏州路径占总扩散人次的2.65%，排名第五。

（2）入境游客以上海为节点向南向的扩散路径较有代表性的有五条：①上海→杭州路径的人数比例最高，占总扩散人次的6.44%，排名第一；②上海→杭州→北京路径次之，占总扩散人次的4.55%，排名第二；③上海→杭州→苏州路径占总扩散人次的1.14%，排名第三；④上海→杭州→苏州→南京路径和上海→杭州→苏州→北京路径，两条路径各自均占总扩散人次的0.38%，并列第四。

（3）入境游客以上海为节点向西北方向的扩散路径较有代表性的有五条：①上海→西安路径的人数比例最高，占总扩散人次的15.15%，排名第一；②上海→西安→北京路径次之，占总扩散人次的2.65%，排名第二；③上海→西安→成都路径和上海→西安→三亚路径，两条路径各自均占总扩散人次的1.14%，并列第三；④上海→西安→重庆路径占总扩散人次的0.38%，排名第五。

（4）入境游客以上海为节点向西向的扩散路径较有代表性的有五条：①上海→成都路径的人数比例最高，占总扩散人次的4.92%，排名第一；②上海→苏州路径次之，占总扩散人次的4.17%，排名第二；③上海→南京路径占总扩散人次的3.41%，排名第三；④上海→南京→杭州路径占总扩散人次的1.52%，排名第四；⑤上海→苏州→北京路径占总扩散人次的1.14%，排名第五。

（5）入境游客以上海为节点向西南方向的扩散路径较有代表性的有五条：①上海→广州路径的人数比例最高，占总扩散人次的6.44%，排名第一；②上海→昆明路径次之，占总扩散人次的3.79%，排名第二；③上海→桂林路径占总扩散人次的3.03%，排名第三；④上海→广州→温州路径占总扩散人次的1.14%，排名第四；⑤上海→广州→深圳路径占总扩散人次的0.76%，排名第五。

表3-5　入境游客以上海为节点的主要扩散路径

路径类别	扩散路径				
北向扩散路径	上海→北京	上海→北京→西安	上海→北京→西安→桂林	上海→北京→成都	上海→北京→苏州
人数比例	17.80%	4.55%	3.79%	3.79%	2.65%
南向扩散路径	上海→杭州	上海→杭州→北京	上海→杭州→苏州	上海→杭州→苏州→南京	上海→杭州→苏州→北京
人数比例	6.44%	4.55%	1.14%	0.38%	0.38%
西北向扩散路径	上海→西安	上海→西安→北京	上海→西安→成都	上海→西安→三亚	上海→西安→重庆
人数比例	15.15%	2.65%	1.14%	1.14%	0.38%
西向扩散路径	上海→成都	上海→苏州	上海→南京	上海→南京→杭州	上海→苏州→北京
人数比例	4.92%	4.17%	3.41%	1.52%	1.14%
西南向扩散路径	上海→广州	上海→昆明	上海→桂林	上海→广州→温州	上海→广州→深圳
人数比例	6.44%	3.79%	3.03%	1.14%	0.76%

从这25条主要的扩散路径可以看出：入境游客离开上海之后，继续向中国其他城市扩散转移，其中北京、西安、成都、杭州、广州、苏州、桂林、南京、重庆、三亚、昆明、温州、深圳等热点旅游城市是入境游客离开上海之后在境内扩散的主要途经地。

三、广州市入境旅游的流向与扩散路径分析

（一）主要流向：北向、省内、东北向、西北向、西向

中国旅游研究院2012年度的抽样调查资料显示，入境游客以广州为节点向外部扩散，排名前15位的主要扩散目的地城市依次为：北京、深圳、上海、佛山、西安、珠海、成都、桂林、厦门、东莞、惠州、南京、沈阳、苏州、中山。

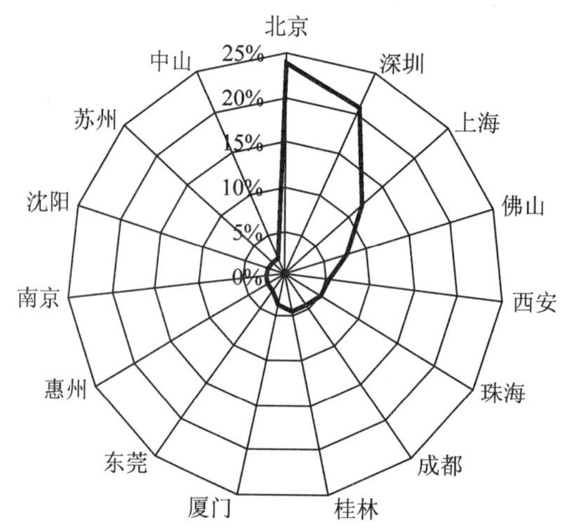

图3-11　入境游客以广州为节点向其他城市扩散雷达图

从入境游客以广州为节点向其他城市扩散的数量份额来看，广州至北京的游客最多，占总扩散人次的23.91%；其次是广州扩散至深圳的游客，占总扩散人次的20.65%，排名第二；广州扩散至上海的游客占总扩散人次的11.96%，排名第三；广州扩散至佛山的游客占总扩散人次的7.61%，排名第四；广州扩散至西安、珠海的游客各自均占总扩散人次的5.43%，并列第五；广州扩散至成都、桂林的游客各自均占总扩散人次的4.35%，并列第七名；广州扩散至厦门的游客占总扩散人次的3.26%，排名第九；广州扩散至东莞、惠州、南京、沈阳、苏州、中山的游客各自均占总扩散人次的2.17%，并列第十名。

由此可见，入境游客以广州为节点向其他城市扩散的等级性和近程性特征十分显著，超过60%的入境游客扩散至北京、深圳、上海、西安等一线城市或

旅游资源同样丰富的城市；另有接近20%的入境游客扩散至佛山、珠海、东莞、惠州、中山等省内城市；超过18%的入境游客扩散至成都、桂林、厦门、南京、沈阳、苏州等旅游城市；其余极少数游客扩散至其他城市（区域）。

按照客流的扩散方向，入境游客以广州为节点向其他城市扩散主要集中在五个方向：北向、省内、东北向、西北向、西向。

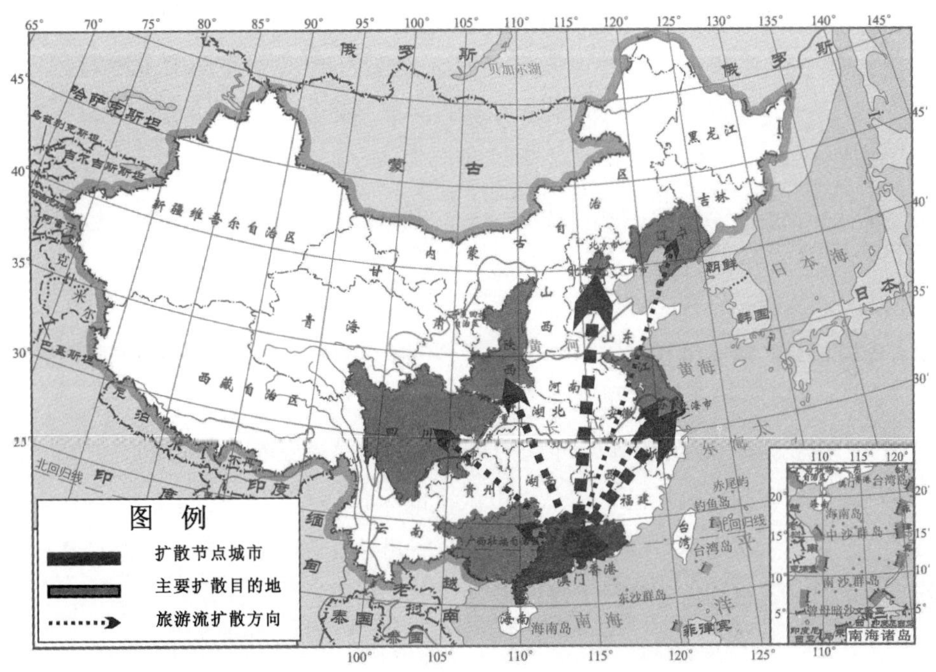

图3－12　入境游客以广州为节点的扩散方向示意图

资料来源：国家测绘地理信息局网站。审图号：GS（2008）1360号。

（二）扩散路径：24条主要扩散路径

由于入境游客扩散路径的集中化程度较高，扩散路径呈现出较强的规律性特征。根据中国旅游研究院2012年度的抽样调查问卷结果，将入境游客以广州为节点的旅游扩散路径进行归纳总结，从中整理出主要的客流扩散方向，结合不同方向覆盖区域所包含的入境旅游典型城市，可从中筛选出24条具有代表性的旅游扩散路径。其中：

（1）入境游客以广州为节点向北向的扩散路径较有代表性的有五条：①广州→北京路径的人数比例最高，占总扩散人次的16.25%，排名第一；②广州→北京→上海→桂林路径次之，占总扩散人次的 3.75%，排名第二；③广州→北京→西安→桂林路径和广州→北京→桂林路径，两条路径各自均占总扩散人次的 2.5%，并列第三；④广州→北京→武汉路径占总扩散人次的 1.25%，排名第五。

（2）入境游客以广州为节点向省内方向的扩散路径较有代表性的有五条：①广州→深圳路径的人数比例最高，占总扩散人次的 18.75%，排名第一；②广州→佛山路径和广州→珠海路径次之，各自均占总扩散人次的 6.25%，并列第二；③广州→深圳→珠海路径占总扩散人次的 3.75%，排名第四；④广州→中山路径占总扩散人次的 2.5%，排名第五。

（3）入境游客以广州为节点向东北方向的扩散路径较有代表性的有五条：①广州→上海路径的人数比例最高，占总扩散人次的 7.5%，排名第一；②广州→上海→北京路径次之，占总扩散人次的 5%，排名第二；③广州→苏州→北京路径占总扩散人次的 2.5%，排名第三；④广州→南京→北京路径和广州→上海→重庆路径占总扩散人次的 1.25%，并列第四。

（4）入境游客以广州为节点向西北方向的扩散路径较有代表性的有四条：①广州→成都路径的人数比例最高，占总扩散人次的 5%，排名第一；②广州→西安路径次之，占总扩散人次的 3.75%，排名第二；③广州→西安→北京→上海路径和广州→西安→成都路径各自均占总扩散人次的 1.25%，并列第三。

（5）入境游客以广州为节点向西向的扩散路径较有代表性的有五条：①广州→桂林路径和广州→桂林→上海→杭州路径的人数比例最高，各自均占总扩散人次的 2.5%，并列第一；②广州→桂林→大理→丽江、广州→桂林→成都、广州→桂林→北京→上海路径次之，各自均占总扩散人次的 1.25%，并列第三。

表 3-6　入境游客以广州为节点的主要扩散路径

路径类别	扩散路径				
北向扩散路径	广州→北京	广州→北京→上海→桂林	广州→北京→西安→桂林	广州→北京→桂林	广州→北京→武汉
人数比例	16.25%	3.75%	2.50%	2.50%	1.25%
省内扩散路径	广州→深圳	广州→佛山	广州→珠海	广州→深圳→珠海	广州→中山

续表

路径类别	扩散路径				
人数比例	18.75%	6.25%	6.25%	3.75%	2.50%
东北向扩散路径	广州→上海	广州→上海→北京	广州→苏州→北京	广州→南京→北京	广州→上海→重庆
人数比例	7.50%	5.00%	2.50%	1.25%	1.25%
西北向扩散路径	广州→成都	广州→西安	广州→西安→北京→上海	广州→西安→成都	—
人数比例	5.00%	3.75%	1.25%	1.25%	—
西向扩散路径	广州→桂林	广州→桂林→上海→杭州	广州→桂林→大理→丽江	广州→桂林→成都	广州→桂林→北京→上海
人数比例	2.50%	2.50%	1.25%	1.25%	1.25%

从这24条主要的扩散路径可以看出：入境游客离开广州之后，继续向中国其他城市扩散转移，其中北京、上海、西安、桂林、武汉、深圳、佛山、珠海、中山、成都、苏州、杭州、大理、丽江等热点旅游城市是入境游客离开北京之后在境内扩散的主要途经地。

四、西安市入境旅游的流向与扩散路径分析

（一）主要流向：东向、西南向、东北向、南向、西北向

中国旅游研究院2012年度的抽样调查资料显示，入境游客以西安为节点向外部扩散，排名前12位的主要扩散目的地城市依次为：上海、成都、北京、桂林、杭州、广州、昆明、苏州、重庆、平遥、南京、丽江。

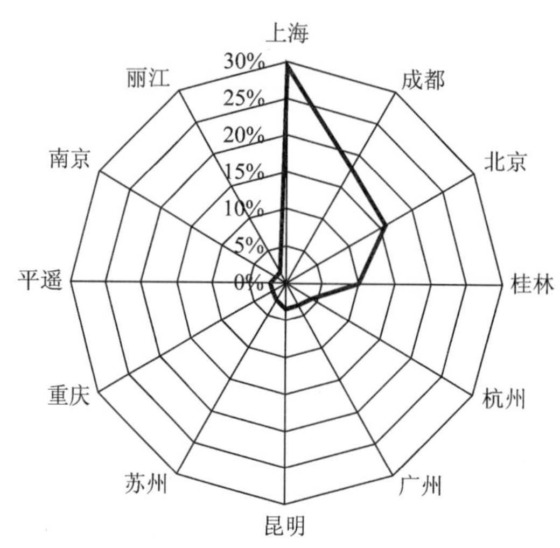

图 3-13 入境游客以西安为节点向其他城市扩散雷达图

从入境游客以西安为节点向其他城市扩散的数量份额来看，西安扩散至上海的游客最多，占总扩散人次的 29.21%；其次是西安扩散至成都的游客，占总扩散人次的 18.10%，排名第二；西安扩散至北京的游客占总扩散人次的 15.87%，排名第三；西安扩散至桂林的游客占总扩散人次的 10.16%，排名第四；西安扩散至杭州的游客占总扩散人次的 4.13%，排名第五；西安扩散至广州、昆明的游客各自均占总扩散人次的 3.49%，并列第六名；西安扩散至苏州的游客占总扩散人次的 2.86%，排名第八；西安扩散至重庆、平遥的游客各自均占总扩散人次的 2.22%，并列第九名；西安扩散至南京、丽江的游客各自均占总扩散人次的 1.59%，并列第十一名。

由此可见，入境游客以西安为节点向其他城市扩散的等级性和近程性特征十分显著，超过 70% 的入境游客扩散至上海、成都、北京、桂林等一线城市或旅游资源同样丰富的城市；另有不足 15% 的入境游客扩散至杭州、广州、昆明、重庆省会城市和直辖市；不足 10% 的入境游客扩散至苏州、平遥、南京、丽江等旅游城市；其余极少数游客扩散至其他城市（区域）。

按照客流的扩散方向，入境游客以西安为节点向其他城市扩散主要集中在五个方向：东向、西南向、东北向、南向、西北向。

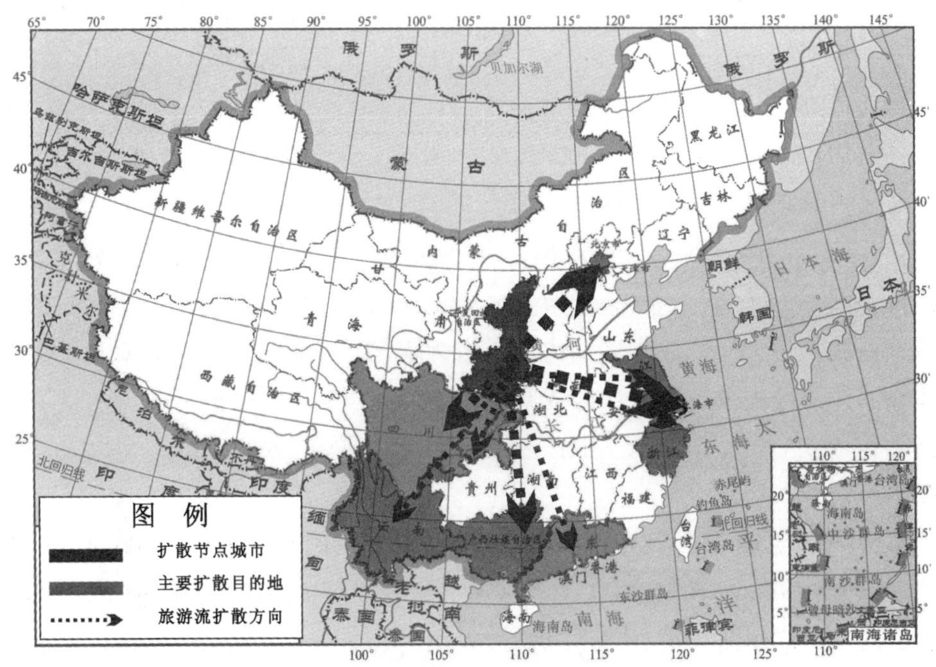

图 3－14　入境游客以西安为节点的扩散方向示意图

资料来源：国家测绘地理信息局网站。审图号：GS（2008）1360 号。

（二）扩散路径：25 条主要扩散路径

由于入境游客扩散路径的集中化程度较高，扩散路径呈现出较强的规律性特征。根据中国旅游研究院 2012 年度的抽样调查问卷结果，将入境游客以西安为节点的旅游扩散路径进行归纳总结，从中整理出主要的客流扩散方向，结合不同方向覆盖区域所包含的入境旅游典型城市，可从中筛选出 25 条具有代表性的旅游扩散路径。其中：

（1）入境游客以西安为节点向东方向的扩散路径较有代表性的有五条：①西安→上海路径的人数比例最高，占总扩散人次的 22.99%，排名第一；②西安→杭州→苏州→上海路径次之，占总扩散人次的 5.36%，排名第二；③西安→上海→苏州→杭州路径占总扩散人次的 3.45%，排名第三；④西安→苏州→杭州→南京路径占总扩散人次的 3.07%，排名第四；⑤西安→南京→上海路径占总扩散人次的 1.92%，排名第五。

（2）入境游客以西安为节点向西南方向的扩散路径较有代表性的有五条：

①西安→成都路径的人数比例最高，占总扩散人次的12.26%，排名第一；②西安→昆明→丽江→桂林路径次之，占总扩散人次的4.21%，排名第二；③西安→成都→北京→上海路径和西安→丽江→昆明→桂林→广州路径，两条路径各自均占总扩散人次的1.92%，并列第三；④西安→成都→重庆→桂林→上海路径占总扩散人次的1.53%，排名第五。

(3) 入境游客以西安为节点向东北方向的扩散路径较有代表性的有五条：①西安→北京路径的人数比例最高，占总扩散人次的10.34%，排名第一；②西安→北京→上海路径次之，占总扩散人次的5.36%，排名第二；③西安→平遥→丽江路径占总扩散人次的3.07%，排名第三；④西安→承德→北京→成都路径和西安→大同路径，两条路径各自均占总扩散人次的1.15%，并列第四。

(4) 入境游客以西安为节点向南方向的扩散路径较有代表性的有五条：①西安→桂林→上海路径的人数比例最高，占总扩散人次的4.60%，排名第一；②西安→广州路径次之，占总扩散人次的4.21%，排名第二；③西安→桂林→广州路径和西安→重庆→成都路径，两条路径各自均占总扩散人次的3.07%，并列第三；④西安→武汉→重庆→上海路径占总扩散人次的1.15%，排名第五。

(5) 入境游客以西安为节点向西北方向的扩散路径较有代表性的有五条：①西安→敦煌路径的人数比例最高，占总扩散人次的1.53%，排名第一；②西安→拉萨路径次之，占总扩散人次的1.15%，排名第二；③西安→敦煌→乌鲁木齐路径占总扩散人次的0.77%，排名第三；④西安→西宁→成都→昆明路径和西安→兰州→西宁路径，两条路径各自均占总扩散人次的0.38%，并列第四。

表3-7 入境游客以西安为节点的主要扩散路径

路径类别	扩散路径				
东向扩散路径	西安→上海	西安→杭州→苏州→上海	西安→上海→苏州→杭州	西安→苏州→杭州→南京	西安→南京→上海
人数比例	22.99%	5.36%	3.45%	3.07%	1.92%

续表

路径类别	扩散路径				
西南向扩散路径	西安→成都	西安→昆明→丽江→桂林	西安→成都→北京→上海	西安→丽江→昆明→桂林→广州	西安→成都→重庆→桂林→上海
人数比例	12.26%	4.21%	1.92%	1.92%	1.53%
东北向扩散路径	西安→北京	西安→北京→上海	西安→平遥→丽江	西安→承德→北京→成都	西安→大同
人数比例	10.34%	5.36%	3.07%	1.15%	1.15%
南向扩散路径	西安→桂林→上海	西安→广州	西安→桂林→广州	西安→重庆→成都	西安→武汉→重庆→上海
人数比例	4.60%	4.21%	3.07%	3.07%	1.15%
西北向扩散路径	西安→敦煌	西安→拉萨	西安→敦煌→乌鲁木齐	西安→西宁→成都→昆明	西安→兰州→西宁
人数比例	1.53%	1.15%	0.77%	0.38%	0.38%

从这25条主要的扩散路径可以看出：入境游客离开西安之后，继续向中国其他城市扩散转移，其中上海、杭州、苏州、南京、成都、昆明、丽江、桂林、北京、广州、平遥、承德、大同、重庆、敦煌、拉萨、乌鲁木齐、西宁、兰州等热点旅游城市是入境游客离开西安之后在境内扩散的主要途经地。

五、成都市入境旅游的流向与扩散路径分析

（一）主要流向：东向、北向、东北向、东南向、省内以及南向

中国旅游研究院2012年度的抽样调查资料显示，入境游客以成都为节点向外部扩散，排名前11位的主要扩散目的地城市依次为：上海、西安、北京、重庆、桂林、九寨沟、扬州、苏州、丽江、昆明、乐山。

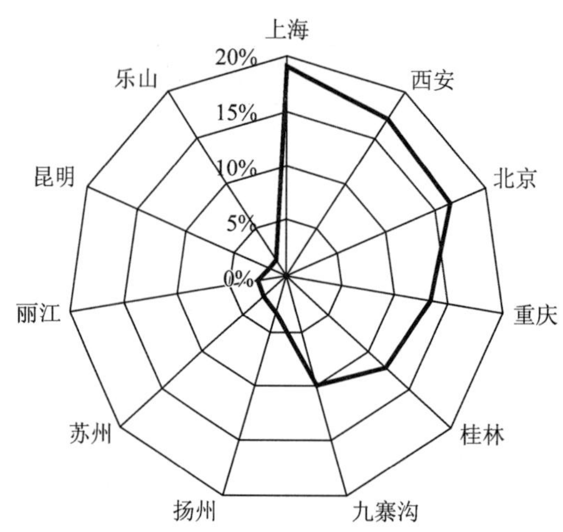

图3－15　入境游客以成都为节点向其他城市扩散雷达图

从入境游客以成都为节点向其他城市扩散的数量份额来看，成都扩散至上海的游客最多，占总扩散人次的18.99%；其次是成都扩散至西安的游客，占总扩散人次的17.09%，排名第二；成都扩散至北京的游客占总扩散人次的16.46%，排名第三；成都扩散至重庆的游客占总扩散人次的13.29%，排名第四；成都扩散至桂林的游客占总扩散人次的12.03%，排名第五；成都扩散至九寨沟的游客占总扩散人次的10.13%，排名第六；成都扩散至扬州的游客占总扩散人次的3.16%，排名第七；成都扩散至苏州、丽江的游客各自均占总扩散人次的2.53%，并列第八名；成都扩散至昆明、乐山的游客各自均占总扩散人次的1.90%，并列第十名。

由此可见，入境游客以成都为节点向其他城市扩散的等级性和近程性特征十分显著，超过65%的入境游客扩散至上海、西安、北京、重庆等一线城市或旅游资源同样丰富的城市；另有超过25%的入境游客扩散至桂林、九寨沟、丽江、昆明、乐山等邻近的区域城市；不足6%的游客扩散至苏州、扬州等旅游城市；其余极少数游客扩散至其他城市（区域）。

按照客流的扩散方向，入境游客以成都为节点向其他城市扩散主要集中在五个方向：东向、北向、东北向、东南向、省内以及南向。

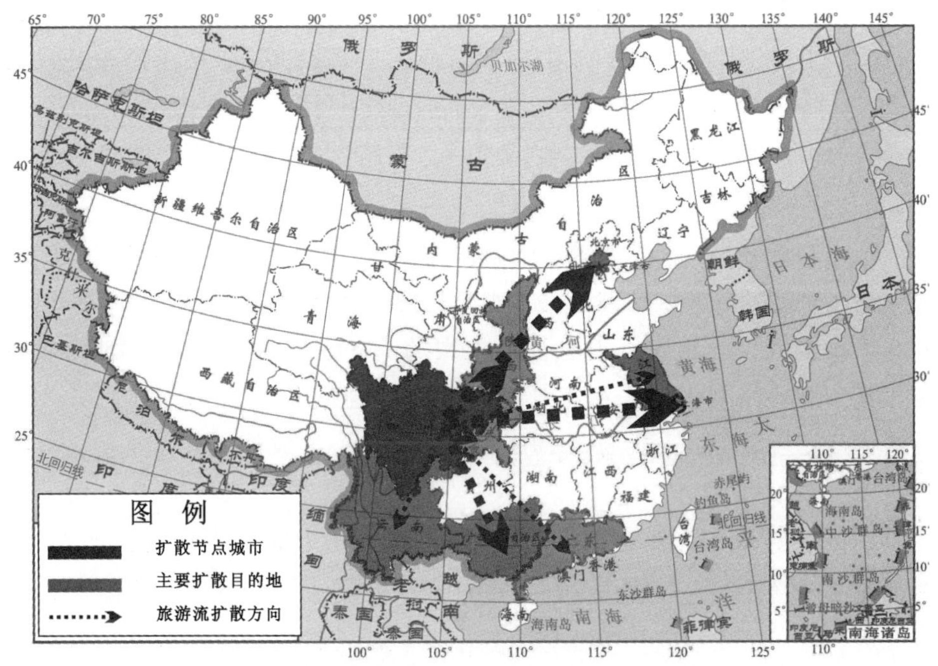

图 3-16　入境游客以成都为节点的扩散方向示意图

资料来源：国家测绘地理信息局网站。审图号：GS（2008）1360 号。

（二）扩散路径：25 条主要扩散路径

由于入境游客扩散路径的集中化程度较高，扩散路径呈现出较强的规律性特征。根据中国旅游研究院 2012 年度的抽样调查问卷结果，将入境游客以成都为节点的旅游扩散路径进行归纳总结，从中整理出主要的客流扩散方向，结合不同方向覆盖区域所包含的入境旅游典型城市，可从中筛选出 25 条具有代表性的旅游扩散路径。其中：

（1）入境游客以成都为节点向东方向的扩散路径较有代表性的有五条：①成都→上海路径的人数比例最高，占总扩散人次的 14.60%，排名第一；②成都→重庆路径次之，占总扩散人次的 6.57%，排名第二；③成都→扬州→青岛路径占总扩散人次的 3.65%，排名第三；④成都→苏州→上海→西安路径和成都→上海→西安路径，两条路径各自均占总扩散人次的 2.92%，并列第四。

（2）入境游客以成都为节点向北方向的扩散路径较有代表性的有五条：

①成都→西安路径的人数比例最高，占总扩散人次的8.76%，排名第一；②成都→西安→上海→桂林路径和成都→西安→北京路径次之，两条路径各自均占总扩散人次的3.65%，并列第二；③成都→西宁→拉萨→北京→上海路径占总扩散人次的1.46%，排名第四；④成都→洛阳路径占总扩散人次的0.73%，排名第五。

（3）入境游客以成都为节点向东北方向的扩散路径较有代表性的有五条：①成都→北京路径的人数比例最高，占总扩散人次的7.30%，排名第一；②成都→北京→上海路径次之，占总扩散人次的5.84%，排名第二；③成都→北京→西安→昆明路径占总扩散人次的2.92%，排名第三；④成都→青岛→上海→桂林路径占总扩散人次的2.19%，排名第四；⑤成都→天津路径占总扩散人次的0.73%，排名第五。

（4）入境游客以成都为节点向东南方向的扩散路径较有代表性的有五条：①成都→桂林路径的人数比例最高，占总扩散人次的5.11%，排名第一；②成都→广州→深圳路径和成都→桂林→西安路径次之，两条路径各自均占总扩散人次的2.92%，并列第二；③成都→桂林→上海路径占总扩散人次的2.19%，排名第四；④成都→三亚路径占总扩散人次的1.46%，排名第五。

（5）入境游客以成都为节点在省内扩散路径和向南方向的扩散路径较有代表性的有五条：①成都→九寨沟路径的人数比例最高，占总扩散人次的7.30%，排名第一；②成都→丽江→大理→昆明路径次之，占总扩散人次的5.11%，排名第二；③成都→乐山→峨眉山→九寨沟路径占总扩散人次的2.19%，排名第三；④成都→拉萨路径和成都→昆明路径，两条路径各自均占总扩散人次的1.46%，并列第四。

表3-8　入境游客以成都为节点的主要扩散路径

路径类别	扩散路径				
东向 扩散路径	成都→上海	成都→重庆	成都→扬州 →青岛	成都→苏州 →上海→西安	成都→上海 →西安
人数比例	14.60%	6.57%	3.65%	2.92%	2.92%

续表

路径类别	扩散路径				
北向 扩散路径	成都→西安	成都→西安 →上海→桂林	成都→西安 →北京	成都→西宁 →拉萨→北京 →上海	成都→洛阳
人数比例	8.76%	3.65%	3.65%	1.46%	0.73%
东北向 扩散路径	成都→北京	成都→北京 →上海	成都→北京 →西安→昆明	成都→青岛 →上海→桂林	成都→天津
人数比例	7.30%	5.84%	2.92%	2.19%	0.73%
东南向 扩散路径	成都→桂林	成都→广州 →深圳	成都→桂林 →西安	成都→桂林 →上海	成都→三亚
人数比例	5.11%	2.92%	2.92%	2.19%	1.46%
省内及南向 扩散路径	成都→九寨沟	成都→丽江 →大理→昆明	成都→乐山→ 峨眉山→九寨沟	成都→拉萨	成都→昆明
人数比例	7.30%	5.11%	2.19%	1.46%	1.46%

从这25条主要的扩散路径可以看出：入境游客离开成都之后，继续向中国其他城市扩散转移，其中上海、重庆、扬州、青岛、苏州、西安、桂林、拉萨、西宁、北京、洛阳、天津、深圳、三亚、九寨沟、丽江、大理、乐山、峨眉山等热点旅游城市（景区）是入境游客离开成都之后在境内扩散的主要途经地。

六、重庆市入境旅游的流向与扩散路径分析

（一）主要流向：西向、东向、北向、东北向、南向

中国旅游研究院2012年度的抽样调查资料显示，入境游客以重庆为节点向外部扩散，排名前13位的主要扩散目的地城市依次为：成都、上海、西安、北京、峨眉山、桂林、杭州、苏州、广州、大连、九寨沟、南京、沈阳。

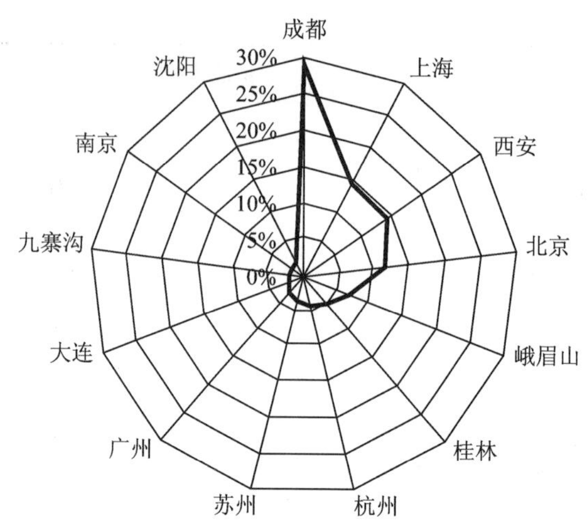

图 3－17　入境游客以重庆为节点向其他城市扩散雷达图

从入境游客以重庆为节点向其他城市扩散的数量份额来看，重庆扩散至成都的游客最多，占总扩散人次的 29.45%；其次是重庆扩散至上海、西安的游客，各自均占总扩散人次的 14.38%，并列第二名；重庆扩散至北京的游客占总扩散人次的 11.64%，排名第四；重庆扩散至峨眉山的游客占总扩散人次的 6.85%，排名第五；重庆扩散至桂林的游客占总扩散人次的 4.79%，排名第六；重庆扩散至杭州的游客占总扩散人次的 4.11%，排名第七；重庆扩散至苏州的游客占总扩散人次的 3.42%，排名第八；重庆扩散至广州的游客占总扩散人次的 2.74%，排名第九；重庆扩散至大连、九寨沟、南京、沈阳的游客，各自均占总扩散人次的 2.05%，并列第十。

由此可见，入境游客以重庆为节点向其他城市扩散的近程性和等级性特征十分显著，接近 70% 的入境游客扩散至成都、上海、西安、北京等一线城市或旅游资源同样丰富的城市；另有超过 20% 的入境游客扩散至峨眉山、桂林、杭州、苏州、广州等邻近区域的城市或者热点旅游城市；不足 9% 的游客扩散至大连、九寨沟、南京、沈阳等旅游城市（景区）；其余极少数游客扩散至其他城市（区域）。

按照客流的扩散方向，入境游客以重庆为节点向其他城市扩散主要集中在五个方向：西向、东向、北向、东北向、南向。

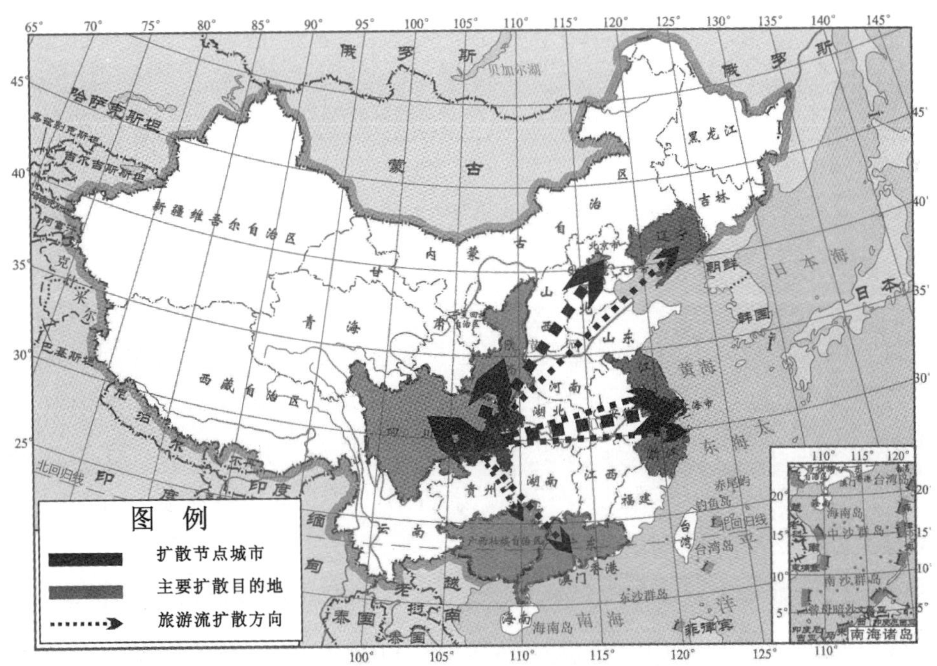

图 3－18　入境游客以重庆为节点的扩散方向示意图

资料来源：国家测绘地理信息局网站。审图号：GS（2008）1360 号。

（二）扩散路径：25 条主要扩散路径

由于入境游客扩散路径的集中化程度较高，扩散路径呈现出较强的规律性特征。根据中国旅游研究院 2012 年度的抽样调查问卷结果，将入境游客以重庆为节点的旅游扩散路径进行归纳总结，从中整理出主要的客流扩散方向，结合不同方向覆盖区域所包含的入境旅游典型城市，可从中筛选出 25 条具有代表性的旅游扩散路径。其中：

（1）入境游客以重庆为节点向西方向的扩散路径较有代表性的有五条：①重庆→成都路径的人数比例最高，占总扩散人次的 22.06%，排名第一；②重庆→峨眉山→成都路径次之，占总扩散人次的 7.35%，排名第二；③重庆→昆明→丽江路径占总扩散人次的 4.41%，排名第三；④重庆→成都→九寨沟路径占总扩散人次的 3.68%，排名第四；⑤重庆→汶川路径占总扩散人次的 1.47%，排名第五。

（2）入境游客以重庆为节点向东方向的扩散路径较有代表性的有五条：①重庆→上海路径的人数比例最高，占总扩散人次的5.88%，排名第一；②重庆→上海→广州路径次之，占总扩散人次的5.15%，排名第二；③重庆→杭州→上海路径占总扩散人次的4.41%，排名第三；④重庆→苏州→上海路径占总扩散人次的3.68%，排名第四；⑤重庆→南京→上海→杭州路径占总扩散人次的2.21%，排名第五。

（3）入境游客以重庆为节点向北方向的扩散路径较有代表性的有五条：①重庆→西安路径的人数比例最高，占总扩散人次的8.09%，排名第一；②重庆→西安→成都路径次之，占总扩散人次的2.94%，排名第二；③重庆→西安→上海→杭州→苏州路径占总扩散人次的2.21%，排名第三；④重庆→西安→广州路径占总扩散人次的1.47%，排名第四；⑤重庆→西安→北京→上海路径占总扩散人次的0.74%，排名第五。

（4）入境游客以重庆为节点向东北方向的扩散路径较有代表性的有五条：①重庆→北京→上海路径的人数比例最高，占总扩散人次的5.88%，排名第一；②重庆→北京→西安→上海路径、重庆→沈阳→南京→上海路径、重庆→大连→上海路径、重庆→长春→沈阳路径，四条路径各自均占总扩散人次的2.21%，并列第二。

（5）入境游客以重庆为节点向南方向的扩散路径较有代表性的有五条：①重庆→桂林→上海路径的人数比例最高，占总扩散人次的4.41%，排名第一；②重庆→广州→昆明→成都路径次之，占总扩散人次的2.94%，排名第二；③重庆→桂林→西安→杭州→上海路径、重庆→深圳→广州→上海路径、重庆→中山→深圳→广州路径，三条路径各自均占总扩散人次的1.47%，并列第三。

表3－9　入境游客以重庆为节点的主要扩散路径

路径类别	扩散路径				
西向扩散路径	重庆→成都	重庆→峨眉山→成都	重庆→昆明→丽江	重庆→成都→九寨沟	重庆→汶川
人数比例	22.06%	7.35%	4.41%	3.68%	1.47%

续表

路径类别	扩散路径				
东向扩散路径	重庆→上海	重庆→上海→广州	重庆→杭州→上海	重庆→苏州→上海	重庆→南京→上海→杭州
人数比例	5.88%	5.15%	4.41%	3.68%	2.21%
北向扩散路径	重庆→西安	重庆→西安→成都	重庆→西安→上海→杭州→苏州	重庆→西安→广州	重庆→西安→北京→上海
人数比例	8.09%	2.94%	2.21%	1.47%	0.74%
东北向扩散路径	重庆→北京→上海	重庆→北京→西安→上海	重庆→沈阳→南京→上海	重庆→大连→上海	重庆→长春→沈阳
人数比例	5.88%	2.21%	2.21%	2.21%	2.21%
南向扩散路径	重庆→桂林→上海	重庆→广州→昆明→成都	重庆→桂林→西安→杭州→上海	重庆→深圳→广州→上海	重庆→中山→深圳→广州
人数比例	4.41%	2.94%	1.47%	1.47%	1.47%

从这25条主要的扩散路径可以看出：入境游客离开重庆之后，继续向中国其他城市扩散转移，其中成都、峨眉山、昆明、丽江、九寨沟、汶川、上海、广州、杭州、苏州、西安、北京、南京、大连、沈阳、长春、桂林、昆明、深圳、中山等热点旅游城市（景区）是入境游客离开重庆之后在境内扩散的主要途经地。

七、桂林市入境旅游的流向与扩散路径分析

（一）主要流向：东北向、西北向、西向、东南向、北向

中国旅游研究院2012年度的抽样调查资料显示，入境游客以桂林为节点向外部扩散，排名前13位的主要扩散目的地城市依次为：上海、西安、成都、广州、北京、杭州、扬州、昆明、重庆、大理、丽江、三亚、拉萨。

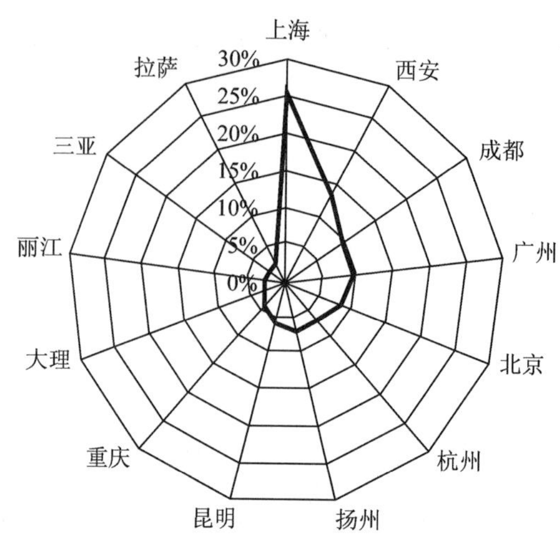

图 3－19　入境游客以桂林为节点向其他城市扩散雷达图

从入境游客以桂林为节点向其他城市扩散的数量份额来看，桂林扩散至上海的游客最多，占总扩散人次的 25.68%；其次是桂林扩散至西安的游客，占总扩散人次的 13.51%，排名第二；桂林扩散至成都、广州的游客各自均占总扩散人次的 9.46%，并列第三名；桂林扩散至北京的游客占总扩散人次的 8.11%，排名第五；桂林扩散至杭州、扬州的游客各自均占总扩散人次的 6.76%，并列第六；桂林扩散至昆明的游客占总扩散人次的 5.41%，排名第八名；桂林扩散至重庆的游客占总扩散人次的 4.05%，排名第九；桂林扩散至大理、丽江、三亚、拉萨的游客各自均占总扩散人次的 2.70%，并列第十名。

由此可见，入境游客以桂林为节点向其他城市扩散的等级性和近程性特征十分显著，超过 65% 的入境游客扩散至上海、西安、成都、广州、北京等一线城市或旅游资源同样丰富的城市；另有接近 20% 的入境游客扩散至杭州、昆明、重庆、拉萨省会城市和直辖市；超过 10% 的入境游客扩散至扬州、丽江、三亚等旅游城市；其余极少数游客扩散至其他城市（区域）。

按照客流的扩散方向，入境游客以桂林为节点向其他城市扩散主要集中在五个方向：东北向、西北向、西向、东南向、北向。

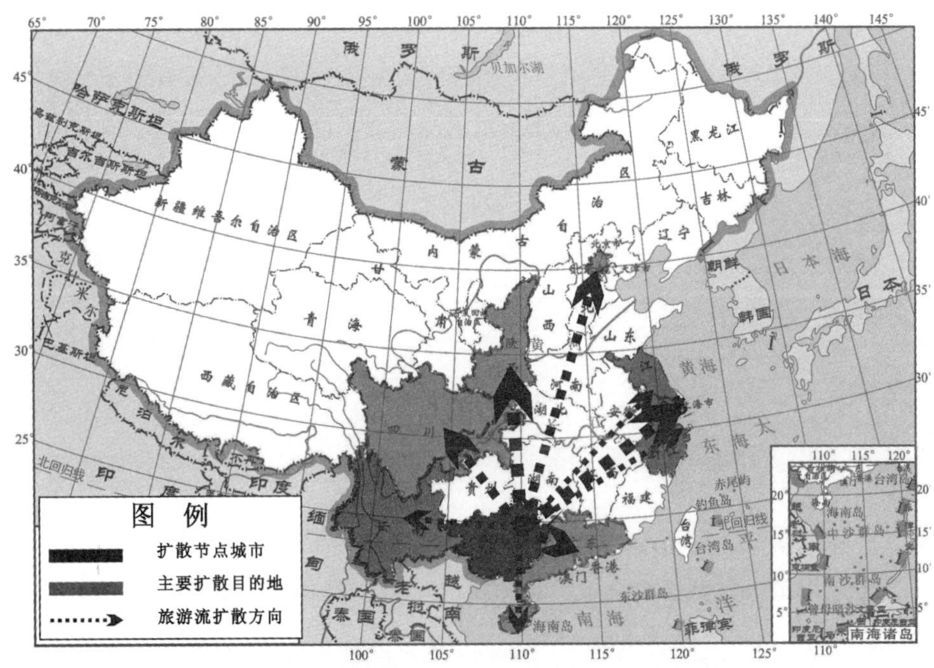

图 3－20　入境游客以桂林为节点的扩散方向示意图

资料来源：国家测绘地理信息局网站。审图号：GS（2008）1360 号。

（二）扩散路径：25 条主要扩散路径

由于入境游客扩散路径的集中化程度较高，扩散路径呈现出较强的规律性特征。根据中国旅游研究院 2012 年度的抽样调查问卷结果，将入境游客以桂林为节点的旅游扩散路径进行归纳总结，从中整理出主要的客流扩散方向，结合不同方向覆盖区域所包含的入境旅游典型城市，可从中筛选出 25 条具有代表性的旅游扩散路径。其中：

（1）入境游客以桂林为节点向东北方向的扩散路径较有代表性的有五条：①桂林→上海路径的人数比例最高，占总扩散人次的 16.67%，排名第一；②桂林→杭州→上海路径和桂林→扬州→西安路径次之，两条路径各自均占总扩散人次的 6.41%，并列第二；③桂林→上海→西安路径占总扩散人次的 5.13%，排名第四；④桂林→杭州→南京→广州路径占总扩散人次的 1.28%，排名第五。

（2）入境游客以桂林为节点向西北方向的扩散路径较有代表性的有五条：①桂林→西安路径的人数比例最高，占总扩散人次的 11.54%，排名第一；②桂林→重庆→成都路径次之，占总扩散人次的5.13%，排名第二；③桂林→成都→上海路径占总扩散人次的3.85%，排名第三；④桂林→西安→杭州→苏州→上海和桂林→成都→重庆→昆明路径各自均占总扩散人次的2.56%，并列第四。

（3）入境游客以桂林为节点向西方向的扩散路径较有代表性的有五条：①桂林→昆明→大理→丽江路径的人数比例最高，占总扩散人次的5.13%，排名第一；②桂林→大理→丽江→成都→北京→上海、桂林→大理→香格里拉、桂林→丽江→北京→上海→西安、桂林→拉萨四条路径各自均占总扩散人次的2.56%，并列第二。

（4）入境游客以桂林为节点向东南方向的扩散路径较有代表性的有五条：①桂林→广州路径的人数比例最高，占总扩散人次的5.13%，排名第一；②桂林→三亚和桂林→广州→上海→北京路径次之，各自均占总扩散人次的2.56%，并列第二；③桂林→广州→北京→上海→重庆路径和桂林→广州→西安→南京路径，两条路径各自均占总扩散人次的1.28%，并列第四。

（5）入境游客以桂林为节点向北方向的扩散路径较有代表性的有五条：①桂林→北京→上海路径的人数比例最高，占总扩散人次的3.85%，排名第一；②桂林→北京→西安路径次之，占总扩散人次的2.56%，排名第二；③桂林→北京→成都、桂林→沈阳、桂林→长沙路径，三条路径各自均占总扩散人次的1.28%，并列第三。

表3-10　入境游客以桂林为节点的主要扩散路径

路径类别	扩散路径				
东北向扩散路径	桂林→上海	桂林→杭州→上海	桂林→扬州→西安	桂林→上海→西安	桂林→杭州→南京→广州
人数比例	16.67%	6.41%	6.41%	5.13%	1.28%
西北向扩散路径	桂林→西安	桂林→重庆→成都	桂林→成都→上海	桂林→西安→杭州→苏州→上海	桂林→成都→重庆→昆明
人数比例	11.54%	5.13%	3.85%	2.56%	2.56%
西向扩散路径	桂林→昆明→大理→丽江	桂林→大理→丽江→成都→北京→上海	桂林→大理→香格里拉	桂林→丽江→北京→上海→西安	桂林→拉萨
人数比例	5.13%	2.56%	2.56%	2.56%	2.56%

续表

路径类别	扩散路径				
东南向扩散路径	桂林→广州	桂林→三亚	桂林→广州→上海→北京	桂林→广州→北京→上海→重庆	桂林→广州→西安→南京
人数比例	5.13%	2.56%	2.56%	1.28%	1.28%
北向扩散路径	桂林→北京→上海	桂林→北京→西安	桂林→北京→成都	桂林→沈阳	桂林→长沙
人数比例	3.85%	2.56%	1.28%	1.28%	1.28%

从这25条主要的扩散路径可以看出：入境游客离开桂林之后，继续向中国其他城市扩散转移，其中上海、杭州、西安、扬州、南京、广州、重庆、昆明、大理、北京、丽江等热点旅游城市（景区）是入境游客离开桂林之后在境内扩散的主要途经地。

八、昆明市入境旅游的流向与扩散路径分析

（一）主要流向：东向、北向、东北向、省内及西向

中国旅游研究院2012年度的抽样调查资料显示，入境游客以昆明为节点向外部扩散，排名前13位的主要扩散目的地城市依次为：桂林、北京、成都、大理、上海、西安、广州、杭州、丽江、敦煌、拉萨、青岛、苏州。

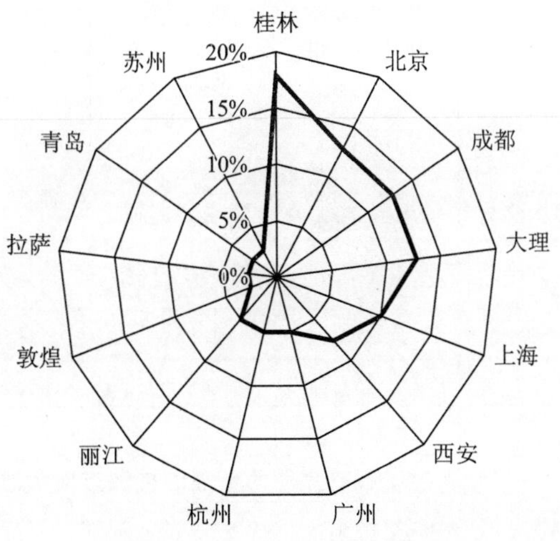

图3-21 入境游客以昆明为节点向其他城市扩散雷达图

从入境游客以昆明为节点向其他城市扩散的数量份额来看，昆明扩散至桂林的游客最多，占总扩散人次的17.95%；其次是昆明扩散至北京、成都、大理的游客，各自均占总扩散人次的12.82%，并列第二；昆明扩散至上海的游客占总扩散人次的10.26%，排名第五；昆明扩散至西安的游客占总扩散人次的7.69%，排名第六；昆明扩散至广州、杭州、丽江的游客各自均占总扩散人次的5.13%，并列第七；昆明扩散至敦煌、拉萨、青岛、苏州的游客各自均占总扩散人次的2.56%，并列第十名。

由此可见，入境游客以昆明为节点向其他城市扩散的等级性和近程性特征十分显著，接近80%的入境游客扩散至桂林、北京、成都、大理、上海、西安、广州等一线城市或旅游资源同样丰富的城市；另有超过15%的入境游客扩散至杭州、丽江、敦煌、拉萨等邻近区域的城市或者热点旅游城市；约5%的游客扩散至青岛、苏州等旅游城市；其余极少数游客扩散至其他城市（区域）。

按照客流的扩散方向，入境游客以昆明为节点向其他城市扩散主要集中在四个方向：东向、北向、东北向、省内及西向。

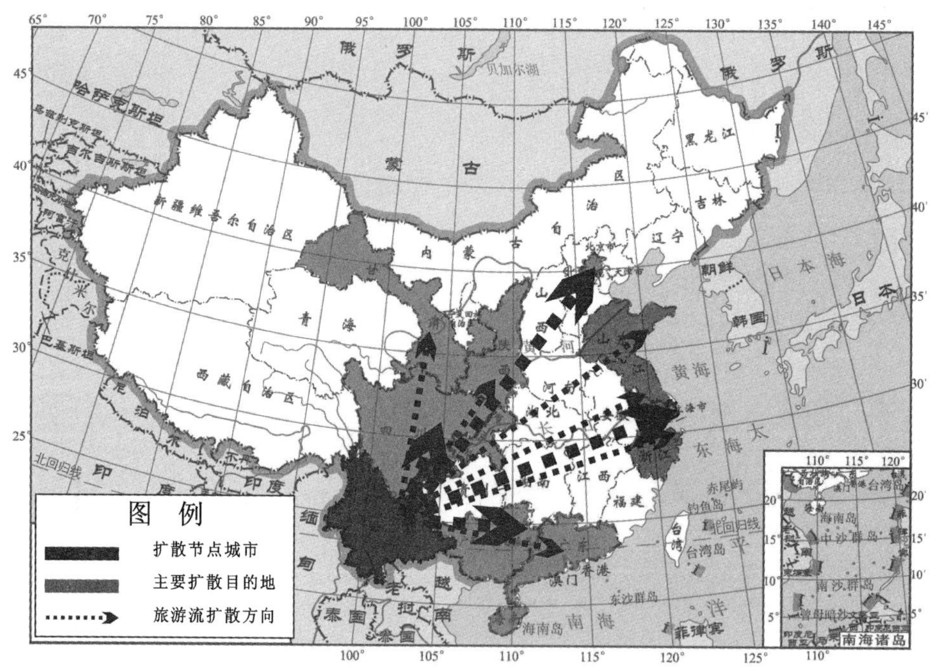

图3-22 入境游客以昆明为节点的扩散方向示意图

资料来源：国家测绘地理信息局网站。审图号：GS（2008）1360号。

（二）扩散路径：20条主要扩散路径

由于入境游客扩散路径的集中化程度较高，扩散路径呈现出较强的规律性特征。根据中国旅游研究院2012年度的抽样调查问卷结果，将入境游客以昆明为节点的旅游扩散路径进行归纳总结，从中整理出主要的客流扩散方向，结合不同方向覆盖区域所包含的入境旅游典型城市，可从中筛选出20条具有代表性的旅游扩散路径。其中：

（1）入境游客以昆明为节点向东方向的扩散路径较有代表性的有五条：①昆明→桂林路径的人数比例最高，占总扩散人次的11.63%，排名第一；②昆明→广州→上海和昆明→杭州→苏州路径次之，各自均占总扩散人次的6.98%，并列第二；③昆明→桂林→杭州和昆明→桂林→扬州路径各自均占总扩散人次的2.33%，并列第四。

（2）入境游客以昆明为节点向北方向的扩散路径较有代表性的有五条：①昆明→成都和昆明→西安两条路径的人数比例最高，各自均占总扩散人次的6.98%，并列第一；②昆明→成都→苏州路径次之，占总扩散人次的4.65%，排名第三；③昆明→西安→北京、昆明→敦煌→西安两条路径各自均占总扩散人次的2.33%，并列第四。

（3）入境游客以昆明为节点向东北方向的扩散路径较有代表性的有五条：①昆明→北京路径的人数比例最高，占总扩散人次的6.98%，排名第一；②昆明→北京→西安路径次之，占总扩散人次的4.65%，排名第二；③昆明→青岛、昆明→北京→西安→成都、昆明→北京→平遥→西安三条路径各自占总扩散人次的2.33%，并列第三。

（4）入境游客以昆明为节点向西方向及省内的扩散路径较有代表性的有五条：①昆明→大理、昆明→大理→丽江→香格里拉、昆明→大理→西安三条路径的人数比例最高，各自均占总扩散人次的6.98%，并列第一；②昆明→丽江→西双版纳路径次之，占总扩散人次的4.65%，排名第四；③昆明→拉萨路径占总扩散人次的2.33%，排名第五。

表 3－11 入境游客以昆明为节点的主要扩散路径

路径类别	扩散路径				
东向扩散路径	昆明→桂林	昆明→广州→上海	昆明→杭州→苏州	昆明→桂林→杭州	昆明→桂林→扬州
人数比例	11.63%	6.98%	6.98%	2.33%	2.33%
北向扩散路径	昆明→成都	昆明→西安	昆明→成都→苏州	昆明→西安→北京	昆明→敦煌→西安
人数比例	6.98%	6.98%	4.65%	2.33%	2.33%
东北向扩散路径	昆明→北京	昆明→北京→西安	昆明→青岛	昆明→北京→西安→成都	昆明→北京→平遥→西安
人数比例	6.98%	4.65%	2.33%	2.33%	2.33%
省内及西向扩散路径	昆明→大理	昆明→大理→丽江→香格里拉	昆明→大理→西安	昆明→丽江→西双版纳	昆明→拉萨
人数比例	6.98%	6.98%	6.98%	4.65%	2.33%

从这 20 条主要的扩散路径可以看出：入境游客离开昆明之后，继续向中国其他城市扩散转移，其中桂林、广州、杭州、成都、西安、北京、大理、丽江、平遥、敦煌等热点旅游城市（景区）是入境游客离开昆明之后在境内扩散的主要途经地。

第四章
2012年中国入境旅游的供求特征

第一节　入境旅游市场的需求状况

一、入境游游客消费特征变量结构

本次调研使用的问卷是中国旅游研究院设计完成的“入境旅游行为调查问卷”①，共涉及26个变量。本次调研将变量抽象为6种范畴，分别为人文统计要素、消费决策影响因素、消费决策、消费结构、消费评价满意度与旅游要素质量感知。调研始于2012年年初，每个月完成一次调研。调研小组同时在北京、上海、广州、重庆、西安和沈阳等口岸城市开展问卷调研，本次调研共收回有效问卷2550份。表4－1描述了各个变量范畴所包含的变量和变量内容。

表4－1　入境游客消费特征变量类别与标尺

所属类别	变量名	变量标尺
人文统计要素	性别	男性、女性
	年龄	15岁以下、15—24岁、25—34岁、35—44岁、45—59岁、60岁及以上
	学历	小学及以下、初中、高中/中专/技校、大学专科、大学本科、硕士及以上
	职业	1. 农林牧渔 2. 科学研究、技术服务和地质勘查 3. 采矿业 4. 水利、环境和公共设施管理业 5. 制造业 6. 居民服务和其他服务业 7. 教育 8. 电力、燃气及水的生产和供应业 9. 建筑业 10. 卫生、社会保障和社会福利业 11. 文化体育和娱乐业 12. 交通运输、仓储和邮政业 13. 国际组织 14. 信息传输、计算机服务和软件业 15. 公共管理与社会组织（公务员）16. 批发和零售业 17. 金融业 18. 住宿和餐饮业 19. 租赁和商务服务业 20. 下岗失业人员 21. 房地产业 22. 学生 23. 商业咨询、市场研究、广告等 24. 退休人员 25. 其他
	个人月收入	无收入、1000美元以下、1001—3000美元、3001—5000美元、5001—8000美元、8001—10000美元、10001—20000美元、20000美元以上

① 本章分析主要依赖于所选主要口岸城市的拦访问卷，因此研究的对象局限为具有有效需求且购买并消费我国旅游产品和服务的国际旅游者，而没能包含对具有潜在需求游客的分析。

续表

所属类别	变量名	变量标尺
消费决策影响因素	出游频率	首次出游、重复出游
	旅游目的	了解中国特色文化、游览/观光、休闲/度假、探亲访友、商务、会议、文体/教育/科技交流、宗教/朝拜、健康医疗、其他
	决策重要程度	是重大决策、不是重大决策
消费决策	信息收集渠道	网站/BBS/论坛、报纸/杂志/书籍、亲朋好友介绍、电视/广播、户外广告、到旅行社咨询、旅游地自身的推广活动
	查询信息内容	景区（点）信息、旅游价格信息、交通信息、住宿信息、旅游地民俗风情、特色购物街区、娱乐信息
	出游择伴	家人、亲戚、朋友、同学、同事、单位组织、单独出游、其他
	目的地选择	旅行费用、旅游地交通、住宿条件、景点吸引力/旅游地吸引力、特色饮食、休闲的环境、其他
	企业选择	产品价格、品牌、便利性、重复消费、口碑传播、其他
	景点数量选择	0、1—2、3—5、6—9、10 个以上
	旅游时长选择	当天往返、2—3 日以内、一周以内、两周以内、一个月以内、一个月以上
	住宿选择	豪华酒店、中等价位酒店、经济型酒店、社会旅馆、其他
	是否购买保险	是、否
消费结构	花费最高项目	交通、住宿、餐饮、参观游览、娱乐、购物、不清楚、其他
	自费水平与团费水平的比较	自费多于团费、自费少于团费、不清楚
	人均花费	1000 美元以下、1001—2000 美元、2001—3000 美元、3001—5000 美元、5001—10000 美元、10000 美元以上
	旅游费用来源	全部报销，自己出钱，报销一部分、自己出一部分
消费评价	口碑宣传意向	1—10 可能性选择
	口碑传播目的地主要项目	气候、风景、动植物、文物古迹、民俗文化、现代人造景观、城市建设、饮食、其他
未来消费意向	企业重复消费意向	1—10 可能性选择
	未来入境旅游消费项目意向	参观游览、参与性娱乐节目、探险活动、了解当地居民生活情况、其他
	重游意向	1—10 可能性选择

* 表中的“变量”，产生于调查问卷设计阶段，“变量标尺”为调查问卷各个题目的备选项，“所属类别”则是根据逻辑关系对变量的抽象。

上述 6 个类别的消费特征变量，除人文统计特征变量以外，其他的变量类别之间存在着时间上的继起关系。考察人文统计变量的分布情况，可以了解入境游市场需求的基础性构成。考察消费决策的影响因素和消费决策内容，可以了解旅游者的消费心理和行为表现。考察消费结构、消费评价和未来消费意向，可以了解入境游者的满意情况和未来意愿。

二、入境游客人文统计特征

通过对 2012 年入境游客的人文统计特征调查分析发现：入境游客的性别比例差距较大，男性游客明显多于女性游客；15—59 岁的游客为入境游市场主力，占总人数 90% 以上；大学本科、大学专科和硕士及以上学历的入境游客人数比例最高，超过 85%；入境游客中，各职业分布相对上年更加均匀，制造业从业者占比最高，达到 10.71%；入境游客主要为中等收入人群，个人月收入在 3001—5000 美元和 1001—3000 美元的人群比例最高，分别为 21.88% 和 23.50%。

（一）性别

与上年相比，受访入境游客的男女比例差距依然明显，其中女性入境游客占总体的 38.27%，男性比例为 61.73%。

（二）年龄

受访入境游客主要的年龄分布区间是：25—34 岁和 35—44 岁。

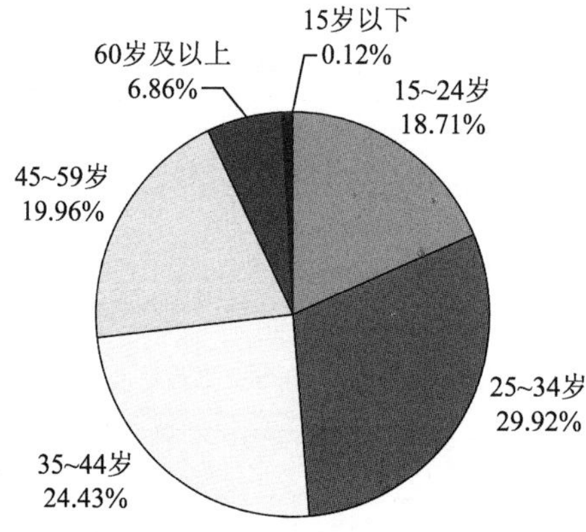

图 4－1　2012 年入境受访游客年龄分布

（三）学历

受访入境游客主要的学历分布区间是：大学本科、硕士及以上、大学专科。

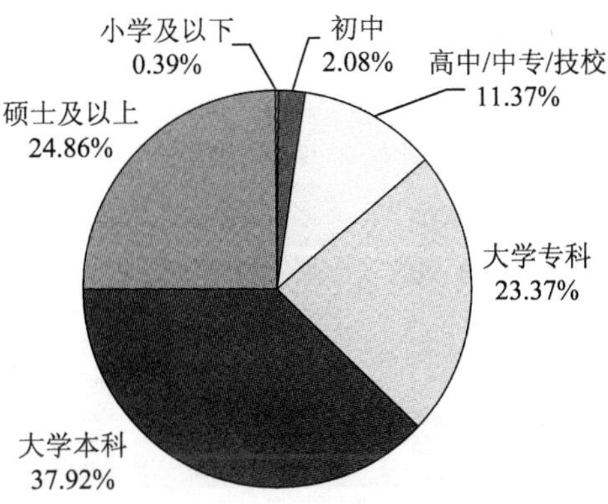

图 4-2 2012 年入境受访游客学历分布

（四）职业

受访入境游客主要从事的行业是：制造业、教育、金融业等。

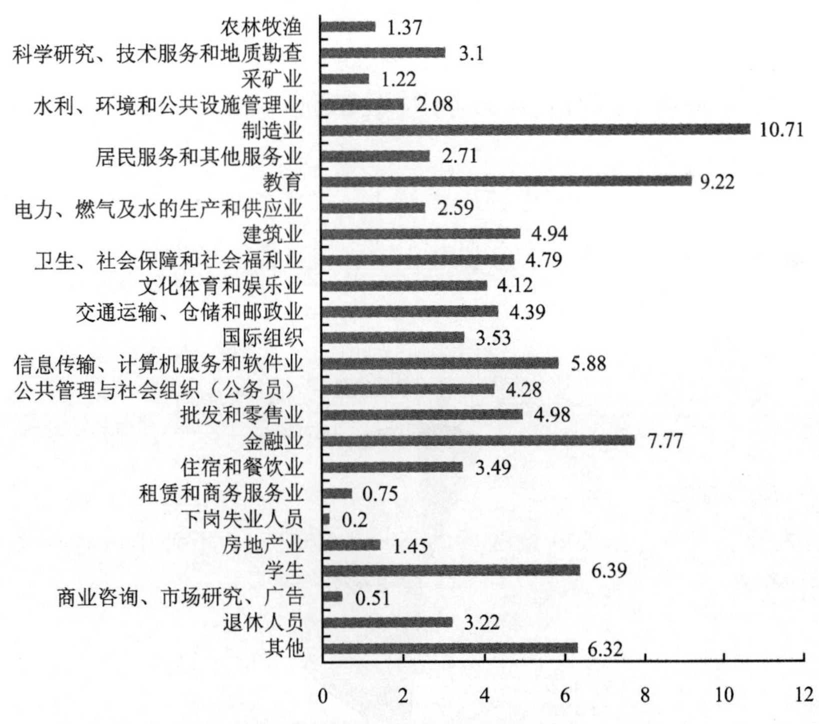

图 4-3 2012 年受访入境游客职业分布

（五）个人月收入

受访入境游客主要的月收入分布区间是：3001～5000 美元、1001～3000 美元。

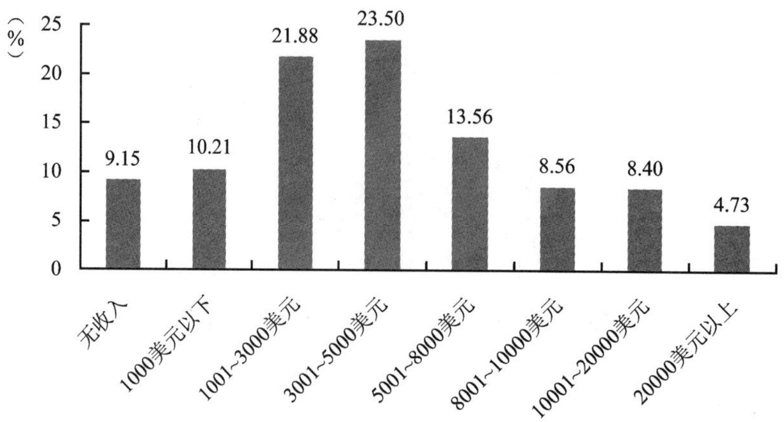

图 4－4　2012 年受访入境游客月收入分布

三、入境游客消费决策影响因素特征

调查结果显示，入境游客中首次到访中国的游客略多于多次到访游客；从入境游客出游目的来看，游览观光以及了解中国特色文化仍是主要目的。

（一）出游频率

受访入境游客中，超过半数的游客是第一次到中国旅游。

（二）旅游目的

受访入境游客中，主要的旅游目的是：游览观光、了解中国特色文化、商务、休闲度假。

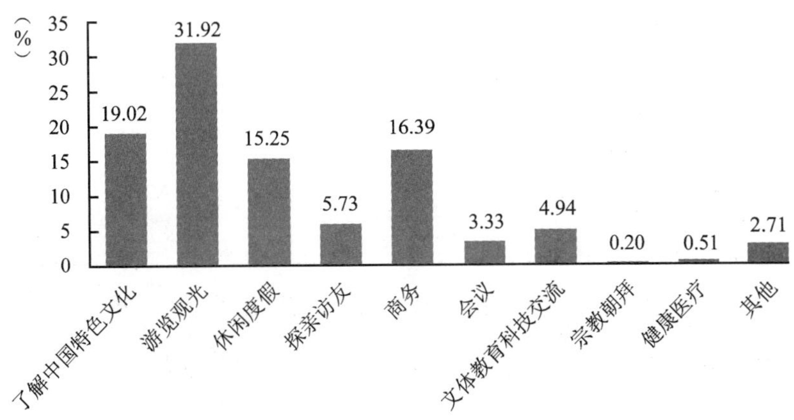

图 4－5　2012 年受访入境游客旅游目的

四、入境游客消费决策特征

互联网仍是中国入境游客最主要的信息获取渠道，有 64.78% 的游客出游前会通过互联网搜索信息；出游前，会了解当地的旅游交通及天气等生活信息、旅游产品和服务介绍、旅游价格和当地政策法规等信息；在选择目的地以及旅游景点时，旅行费用是游客最为关注的问题，其次是景点或旅游地的吸引力；约有 34.63% 的游客选择和家人一同出游，其次有 24.27% 的游客是和好友结伴出游；主要游览项目集中在文物古迹、山水风光和文化艺术，所占比例分别为 54.04%、49.49% 和 32.20%；31.37% 的游客参观游览了 3～5 个旅游景点，约 46% 的游客在中国停留一周以内，9.64% 的游客停留一个月以上；在住宿选择方面，选择豪华酒店和中等价位酒店的游客所占比例最高，分别为 40.13% 和 33.06%。

（一）信息搜索渠道

受访入境游客中，主要的信息搜索渠道是：网站/BBS/论坛、亲朋好友介绍、报纸/杂志/书籍、到旅行社咨询、旅游宣传册等。

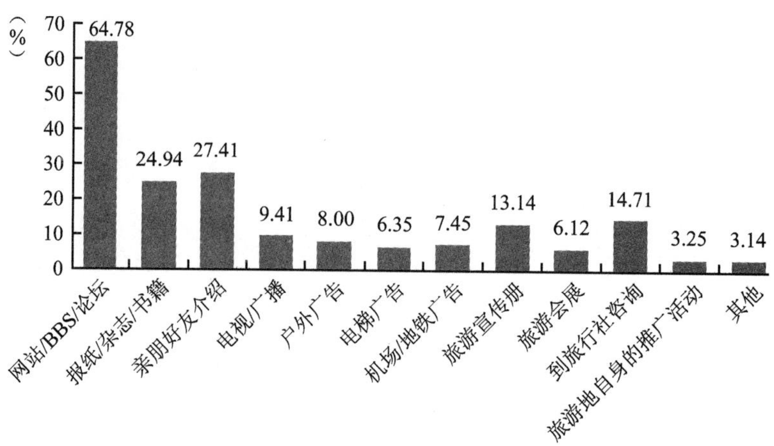

图 4-6　2012 年受访入境游客旅游信息获取渠道

（二）信息搜索内容

受访入境游客中，主要的信息搜索内容是：旅游交通及天气等生活信息、旅游产品和服务介绍、旅游价格、当地政策和法规等。

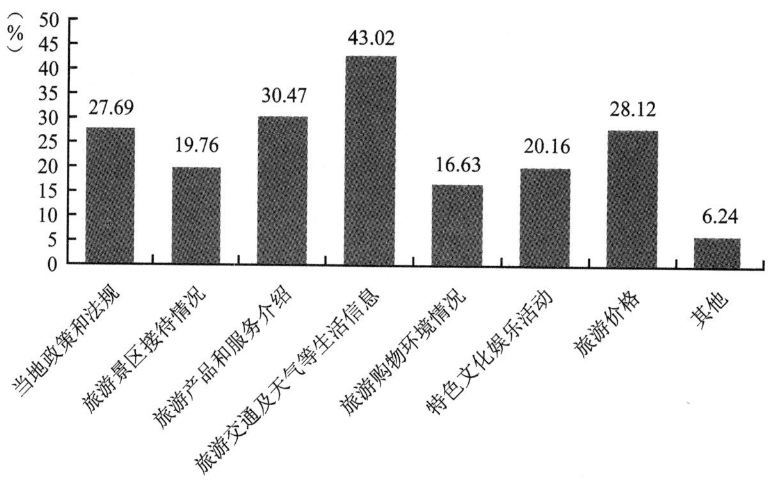

图 4-7　2012 年受访入境游客信息搜索内容

（三）目的地选择的影响因素

受访入境游客中，目的地选择的主要影响因素是：旅行费用、景点/旅游地吸引力、特色饮食、旅行安全、民风民俗、沟通交流等。

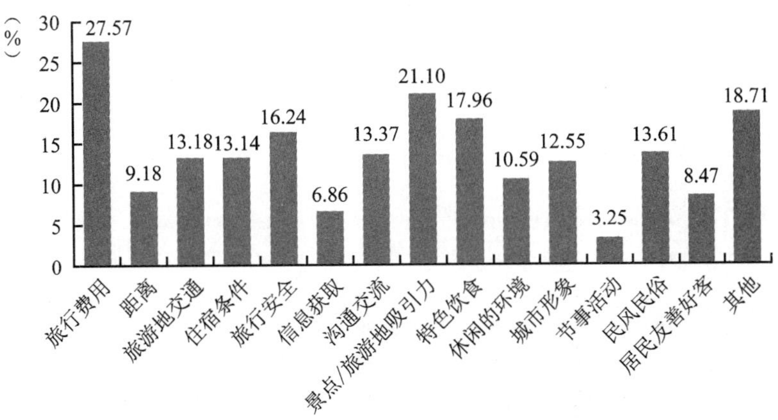

图 4－8　2012 年受访入境游客目的地选择影响因素

（四）旅游伴侣

受访入境游客中，旅游结伴的形式主要是：和家人一起出游，和好友一起出游，独自出游，公司、班级、社团等集体出游，商务活动/会议培训旅游等。

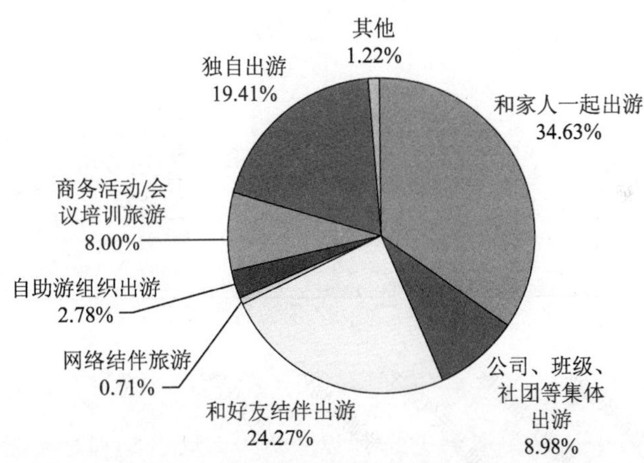

图 4－9　2012 年受访入境游客出游伴侣选择

（五）主要游览项目

受访入境游客中，主要的游览项目是：文物古迹、山水风光、文化艺术、美食烹调、购物消费等。

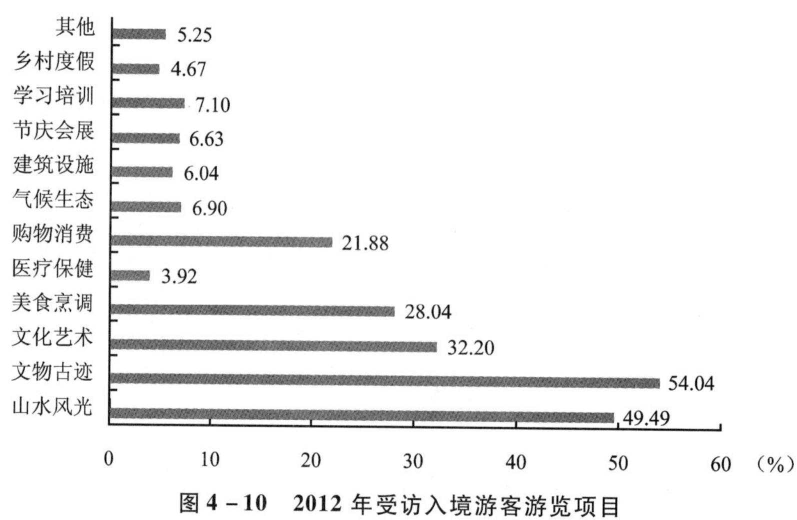

图 4-10　2012 年受访入境游客游览项目

(六) 景点数量选择

受访入境游客中，景点数量的选择以 3~5 个、1~2 个居多。

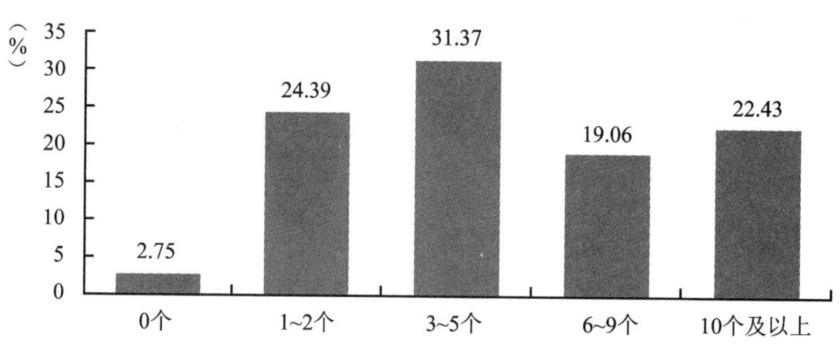

图 4-11　2012 受访入境游客参观景点数

(七) 旅游时长选择

受访入境游客中，旅游时长的选择以 4 天~1 周、8~15 天居多。

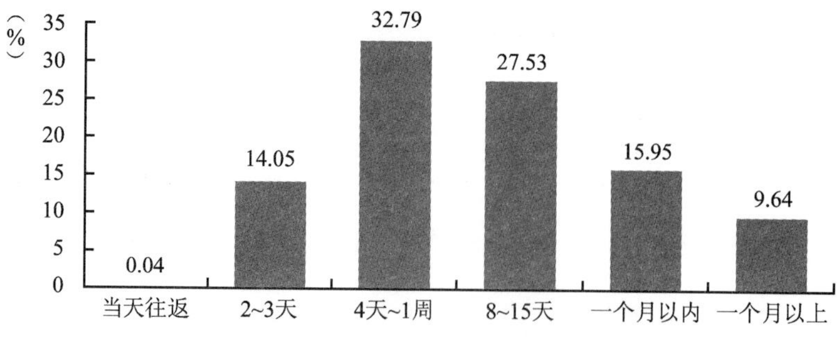

图 4-12　2012 年受访入境游客旅游停留时间

（八）住宿选择

受访入境游客更倾向于选择豪华酒店、中等价位酒店、经济型酒店。

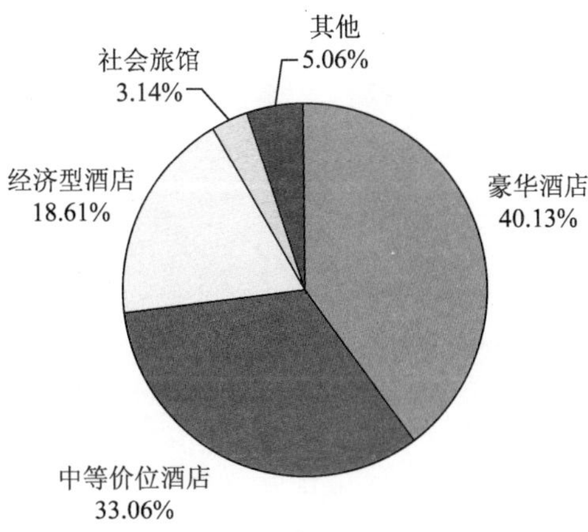

图4-13 2012受访入境游客住宿选择

五、入境游客消费结构特征

从调查结果来看，中国入境游客人均消费依旧偏低，60%以上游客消费集中在501美元到3000美元之间，另有15.65%的游客消费3001美元到5000美元，有5.61%的游客消费不足500美元；从消费项目来看，近30%游客表示旅游交通是其最大的消费项目，其次是住宿消费。

（一）入境旅游人均花费

受访入境游客中，人均花费的主要分布区间是：1001~2000美元、501~1000美元、2001~3000美元。

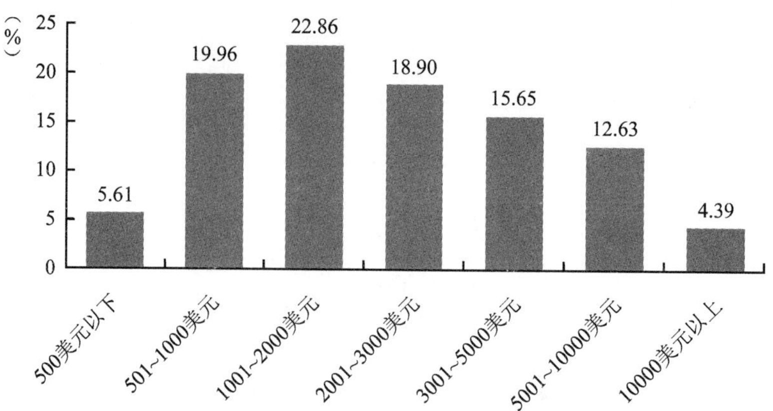

图4-14　2012年受访入境游客人均消费

（二）花费最高的项目

受访入境游客中，花费最高的项目是交通、住宿、购物、景点门票。

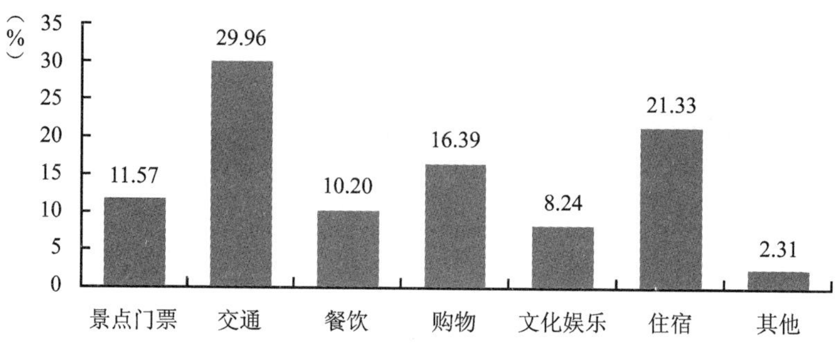

图4-15　2012受访入境游客花费最高项目

六、入境游客消费评价

（一）整体服务质量感知

调查结果显示，入境游客对各方面的服务感知与上年相比都有所提高，对中国旅游“硬件”设施设备的服务感知与对“软件”服务感知相差不大。设施设备方面对卫生状况和公共厕所的服务感知最低，仅为7，其次是步行道和自行车道；服务方面游客对旅行社服务和旅游公共服务质量感知最低，仅为7.38，低于平均水平。

1. 目的地形象

对各项的评价较上年有所提高，但对卫生状况和公共厕所的评价依然较低。

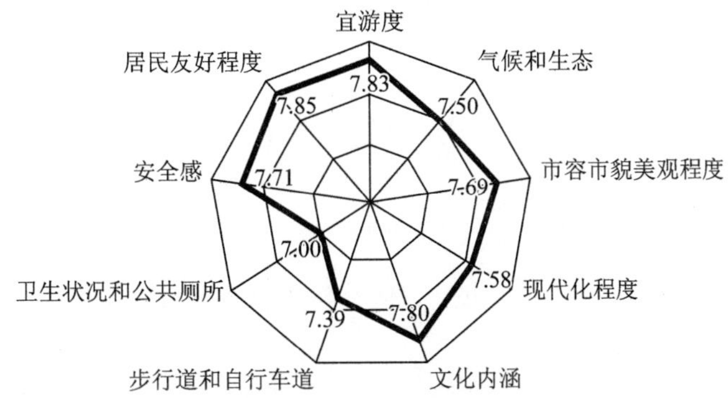

图4-16 2012年受访入境游客对我国旅游形象的评价

2. 旅游服务质量

对国内旅行社的接待服务以及旅游公共服务的质量感知最低。

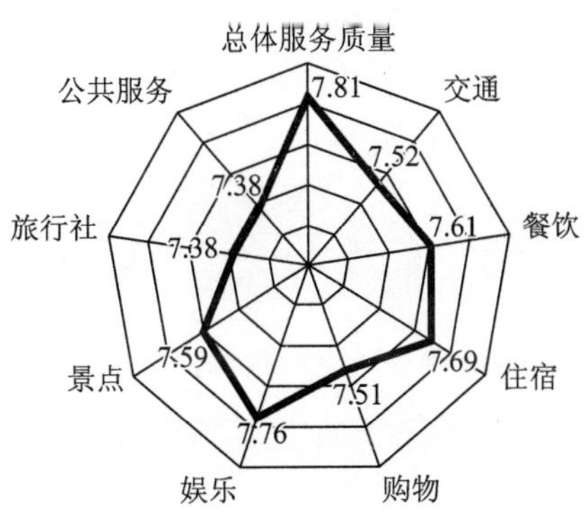

图4-17 2012年受访入境游客对我国各项旅游要素的服务质量感知

（二）旅游服务要素评价

1. 旅游交通

对旅游交通的评价与上年差异不大，但对交通指示牌和手册评价最低。

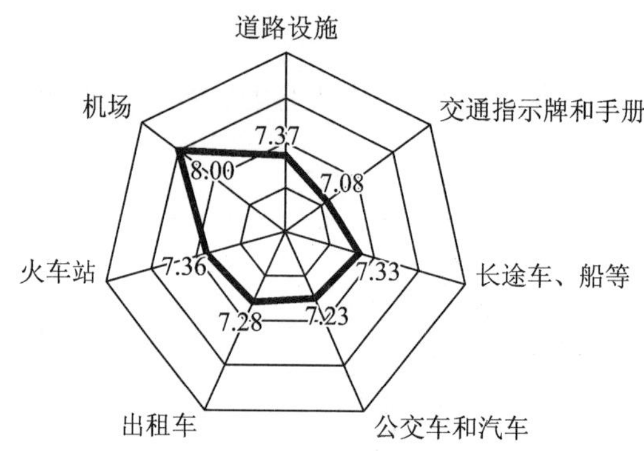

图 4－18　2012 年受访入境游客对我国旅游交通的评价

2. 旅游餐饮

与上年相比，入境游客对我国食品卫生依然存在较多顾虑。

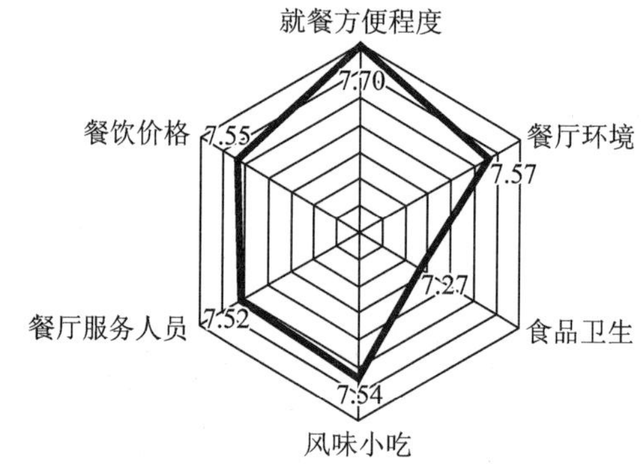

图 4－19　2012 受访入境游客对我国旅游餐饮的评价

3. 住宿条件

与上年相比，入境游客对我国旅游信息的评价依然较低。

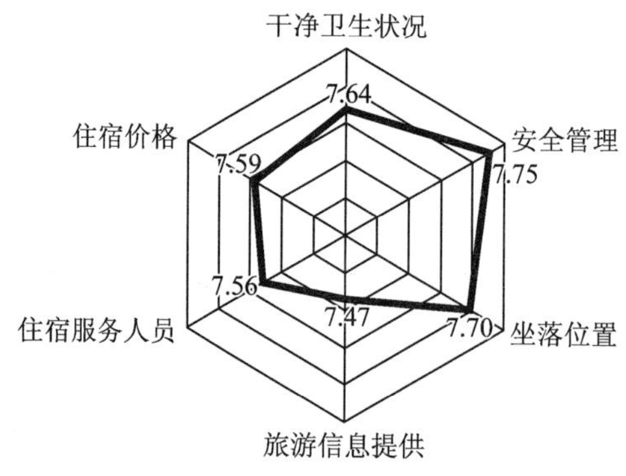

图 4－20　2012 年受访入境游客对我国住宿的评价

4. 旅游购物

与上年相比，我国旅游购物环节的商品推销方式有所改善，但对于入境游客，依然相对难以接受。

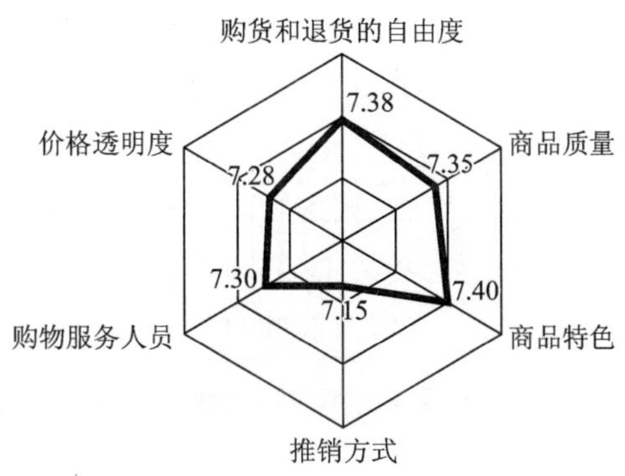

图4-21 2012年受访入境游客对我国旅游购物的评价

5. 旅游娱乐

对收费价格评价最低，晚间娱乐仍旧有待加强。

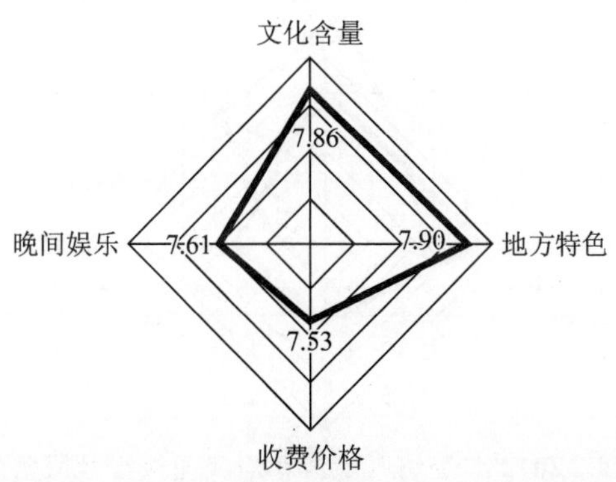

图4-22 2012年受访入境游客对我国旅游娱乐的评价

6. 旅游景区

手册、标志和讲解较为匮乏，另外对门票价格、景区服务人员和客流量管理的评价也较低。

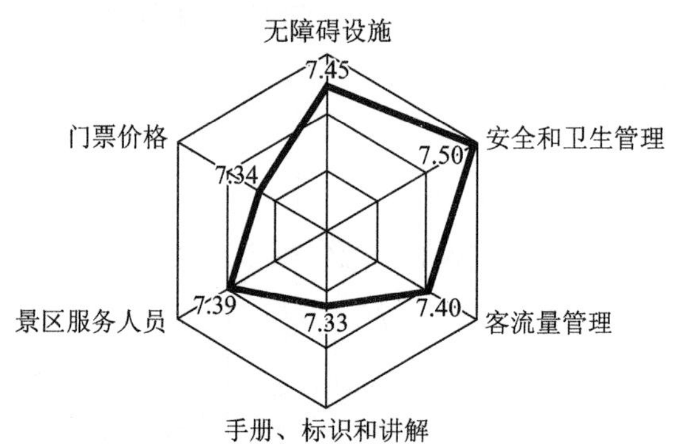

图 4－23　2012 年受访入境游客对我国旅游景区的评价

7. 旅行社服务

与上年相比，团队游客对旅行社服务的各个环节的评价都有较大程度提高，评价表明监督管理和合同履行情况有待加强。

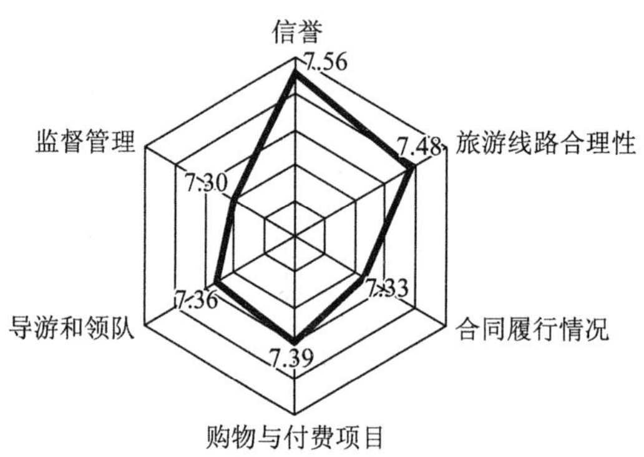

图 4－24　2012 年受访入境游客对我国旅行社服务的评价

8. 公共服务

旅游投诉与解决依然是影响入境游客满意度的突出问题。

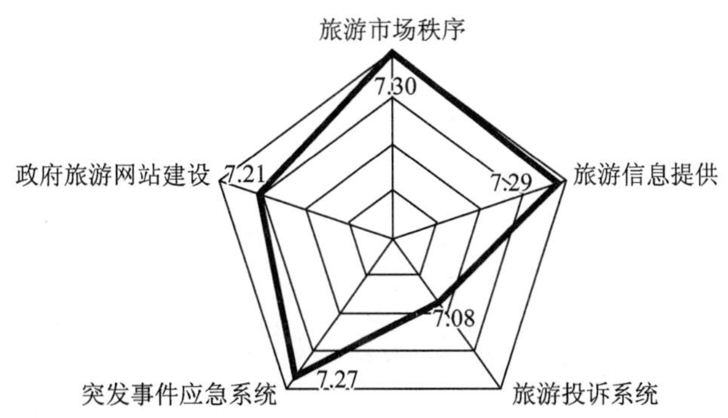

图 4－25　2012 年受访入境游客对我国旅游公共服务的评价

9. 旅游从业人员

游客对旅游从业人员的推销方式依然相对难以接受。

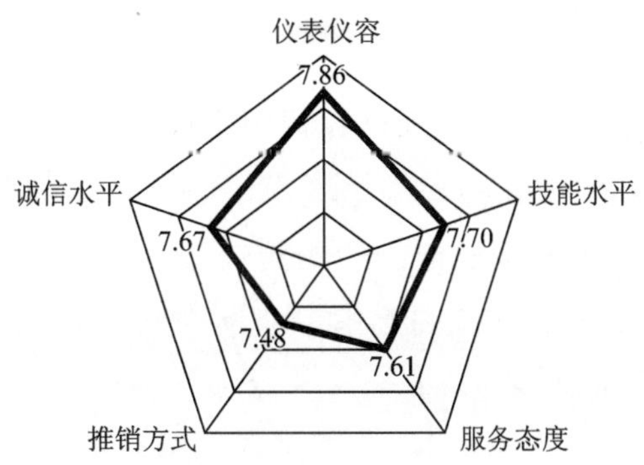

图 4－26　2012 年受访入境游客对我国旅游从业人员的评价

七、入境游客综合满意度与旅游要素质量感知指数

基于对入境游客“吃、住、行、游、购、欲”等各方面的调查，调查涉及入境游客满意度基本指标、最重要的旅游服务项目、影响满意度的因素、影响对目的地形象感知的因素以及对目的地餐饮、住宿、交通、游览、购物和娱乐的满意度情况，通过结构方程模型，测算出 2012 年入境游客的综合满意度以及分项质量感知指数。

2012 年入境游客满意度指数为 86.44，该指数较上年同期高出 2.87。其中，游客对旅游娱乐、住宿、旅游餐饮和景点的满意度较高，满意度指数分别达到75.15、74.40、73.41和73.23。而对旅游购物、旅游交通、旅游公共服务和旅行社服务的满意度相对较低，满意度指数分别为72.56、72.39、70.69和68.09。

第二节　入境旅游专项市场的需求特征

一、老年市场与青年市场

老年组受访游客年龄范围界定为60岁以上，青年组受访游客年龄范围界定为15～24岁。

（一）老年游客更加倾向于亲朋推荐和到旅行社现场咨询

调查结果显示，老年游客和青年游客出游前通过报纸杂志、亲朋好友介绍以及到旅行社咨询获取相关旅游信息的比例较高，青年游客通过互联网搜索相关旅游信息的比例略高于老年入境游客，青年游客获取信息的渠道更加广泛，比如通过户外广告以及电梯广告等。

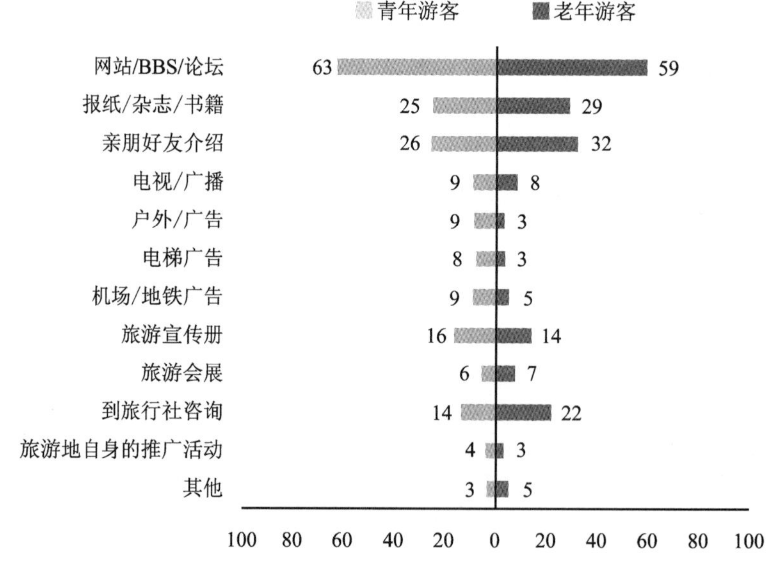

图4－27　入境老年游客和青年游客信息获取渠道对比

（二）老年游客更关注景点吸引力，而青年游客则对旅游费用更加敏感

调查结果显示，老年入境游客最关注旅游地的吸引力以及景点吸引力（27%），青年游客最关注旅行费用（28%），其次是景点或旅游地的吸引力（19%）。另外，相较于老年游客，青年游客对住宿条件、距离、旅游地交通以及旅行安全等都更加关注。

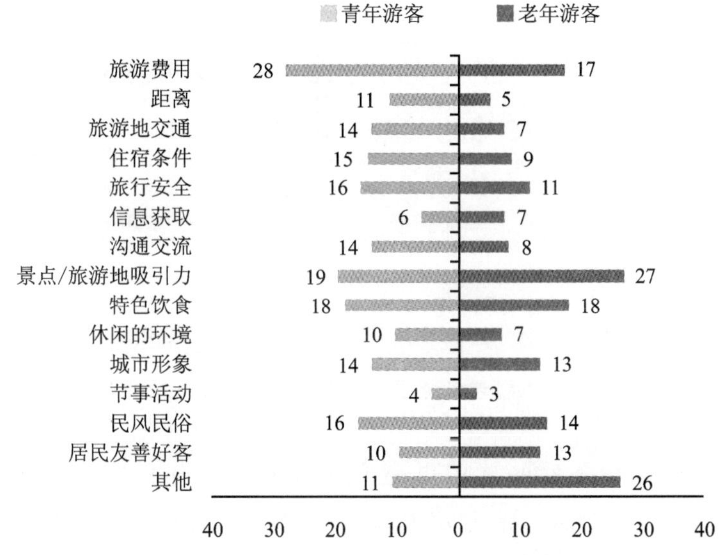

图 4－28　入境老年游客和青年游客目的地选择影响因素重视程度对比

（三）近 7 成老年游客的单次旅游花费超过两千美元

从入境游客人均花费来看，超过 25% 的老年游客人均消费 5000 美元以上，人均消费 2000 美元以下的老年游客不足 35%；与此相对，青年游客人均花费偏低，8% 的青年游客人均花费不足 500 美元，55% 的青年游客人均花费在 2000 美元以下。

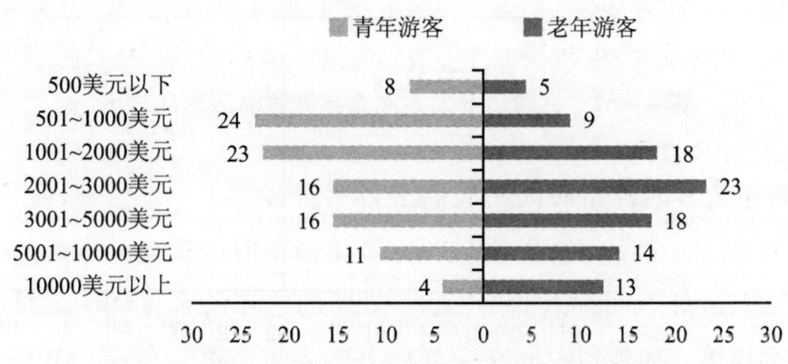

图 4－29　入境老年游客和青年游客人均消费对比

（四）老年游客对住宿和交通的品质更为看重，而青年游客则对餐饮、购物及娱乐更为在意

入境老年和青年游客最主要的消费项目是交通费用，其次是住宿。而在购物、餐饮、文化娱乐以及景点门票上花费最多的青年游客比例高于老年游客。

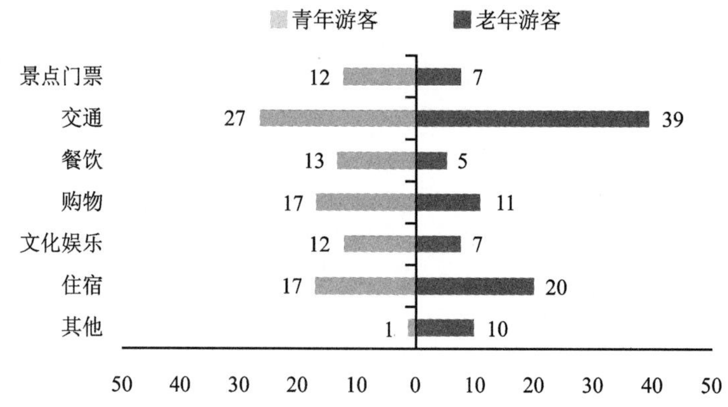

图 4－30　入境老年游客和青年游客花费最高项目对比

老年游客对住宿条件的要求更高，近 50% 的老年游客选择了豪华酒店，42% 的老年游客入住三星、二星以及经济型酒店，只有 1% 的老年游客会选择入住社会旅馆；而青年游客中，有 38% 的人会选择中等价位酒店，入住豪华酒店和经济酒店的青年游客比例分别为 26% 和 24% 。

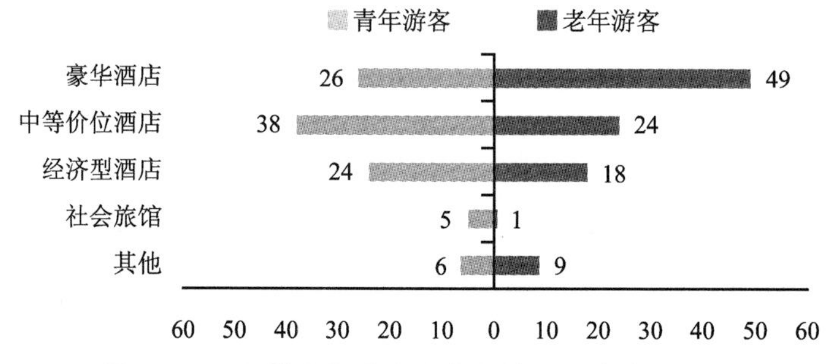

图 4－31　入境老年游客和青年游客酒店选择对比

（五）老年游客的停留时间明显高于青年游客

调查结果表明，老年游客停留时间较长，停留时间在 8～15 天的老年游客所占比例最高（32.6%），停留时间不足一星期的老年游客比例明显低于游客整体以及青年游客整体，而停留时间在一周以上的老年游客比例高于其他；相对于老

年游客，青年游客停留时间较短，近 50% 的青年游客在一周之内离开中国。

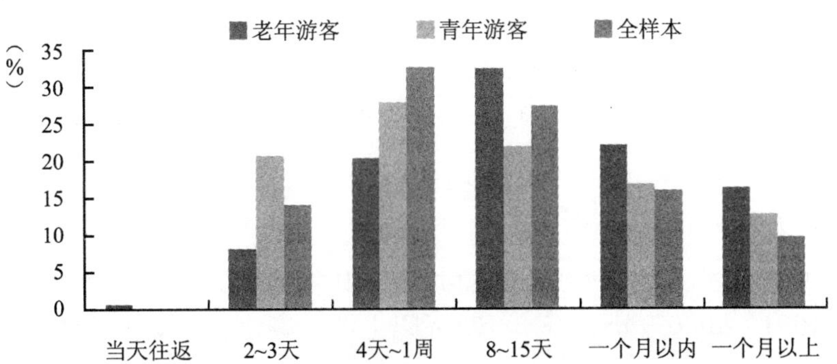

图 4－32　入境老年游客、青年游客和全样本停留时间对比

（六）老年游客对景点的评价最低，青年游客对旅行社服务的评价最低

调查结果显示，老年游客总体、青年游客总体和全样本总体对各方面的评价之间的差异不大，老年游客和青年游客的评价均略低于全样本总体。其中，老年游客的整体评价（7.76，满分为 10 分，本段落同）略高于青年游客评价（7.70）。其中老年游客对住宿设施和旅行社服务两项的评价较高，除此之外的评价都低于青年游客，这与前文所述的老年游客对住宿的要求较高，而青年游客则在购物、餐饮、文化娱乐以及景点门票上花费较多相对应。

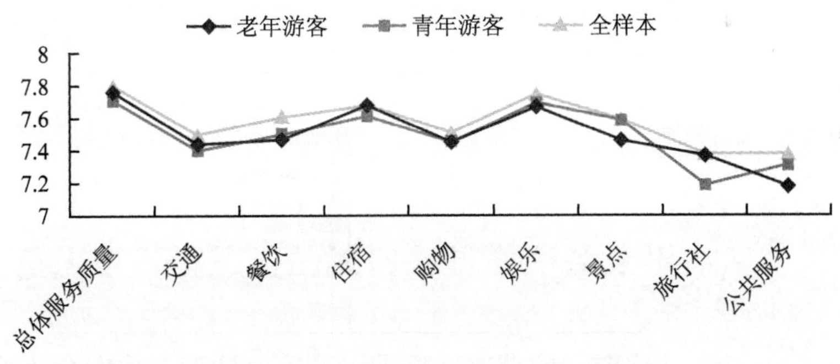

图 4－33　各样本组游客对我国旅游服务要素的评价

二、商务旅游市场和休闲观光市场

（一）休闲观光游客重游可能性明显低于商务游客

从调查结果来看，有近 60% 的观光休闲游客是第一次赴中国大陆旅游，而

商务游客中有 33% 的游客表明这是第一次来中国大陆，有 67% 的游客此前曾来过中国大陆。

（二）商务游客人均消费略低于全样本组，观光游客与全样本组持平

抽样调查显示，观光游客人均消费水平与总体水平基本持平，人均消费 501～1000 美元的游客比例与总体基本相当；人均消费 2001～3000 美元、3001～5000 美元、5001～10000 美元的游客比例略高于总体；人均消费 500 美元以下、1001～2000 美元、10000 美元以上的游客比例略低于总体。

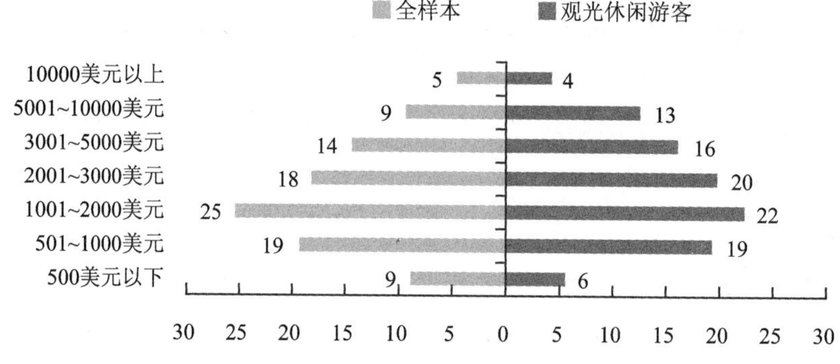

图 4－34　入境观光休闲游客与全样本人均消费水平对比

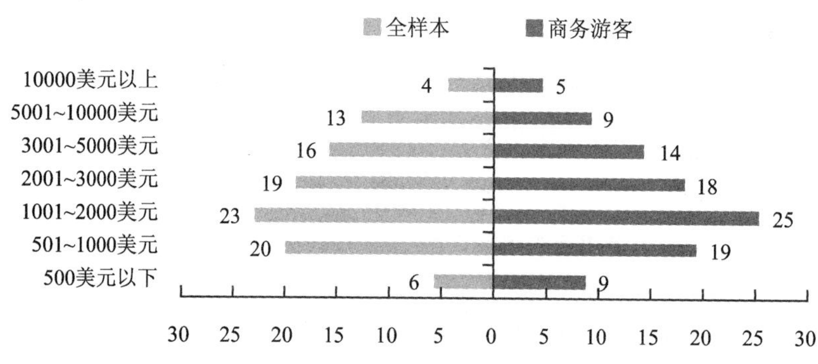

图 4－35　入境商务游客与全样本人均消费水平对比

（三）近六成商务游客青睐豪华酒店，超五成观光游客选择中端或经济型酒店

调查显示，大多数商务游客及观光休闲游客都选择豪华酒店及中等价位酒店，选择经济型及以下酒店的游客比例较上年明显下降。57% 的商务游客选择入住豪华酒店，其次是中等价位酒店，只有 7% 的商务游客选择了经济型酒店；而观光游客中 39% 的游客入住豪华酒店，其次是中等价位酒店（占比为 34%），入住经济型酒店的游客比例较上年下降了 12%。

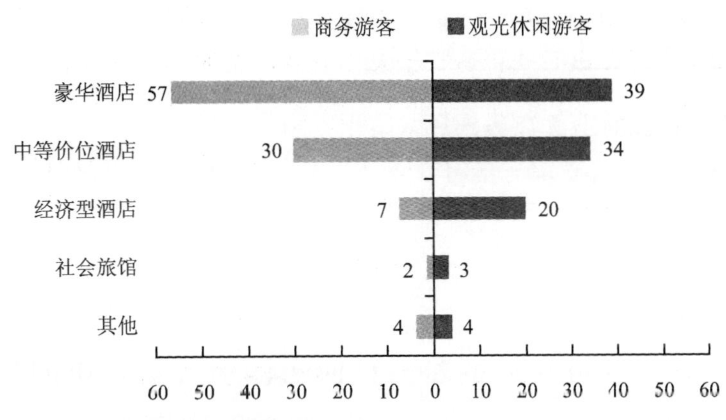

图 4－36　入境观光休闲游客与商务游客住宿选择对比

（四）商务游客对各旅游要素的评价高于平均，观光游客则相反

从图 4－37 可以看出，商务游客对各方面的评价都明显高于观光休闲游客和全样本总体。观光休闲游客除对旅行社服务评价（7.42，满分为 10 分，本段落同）略高于全样本组游客以外，对其余各方面的评价均低于全样本组的评价。

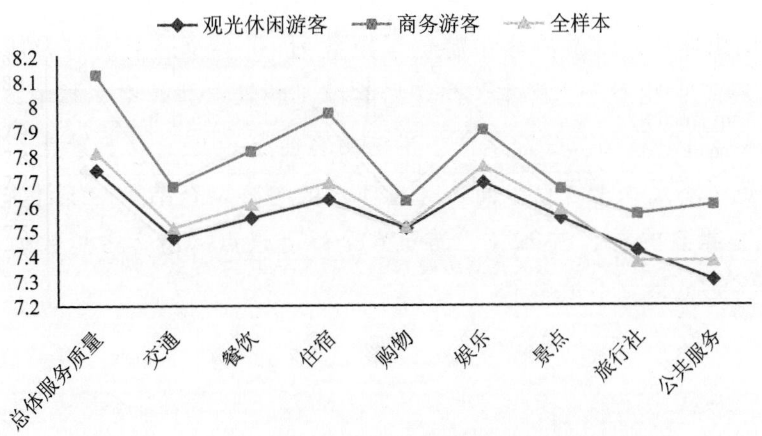

图 4－37　不同样本组游客对我国旅游服务要素的评价

三、高端旅游市场

高端游客需求情况以在我国单次旅游花费 5000 美元以上的入境游客表征。

（一）停留时间更长，游览景点数更多

调查结果显示，高端游客中停留时间为 8～15 天的游客所占比例最高，达到 30%，其在中国停留时间普遍长于总体游客停留时间，70% 以上的高端游客在中国停留一周以上，明显高于全样本组游客 54% 的比例；有 40% 以上的高端游客停留半个月以上，高于全样本组游客 15 个百分点；停留时间在一个月以上的高端游客比例（16%）高于全样本组游客 6 个百分点。

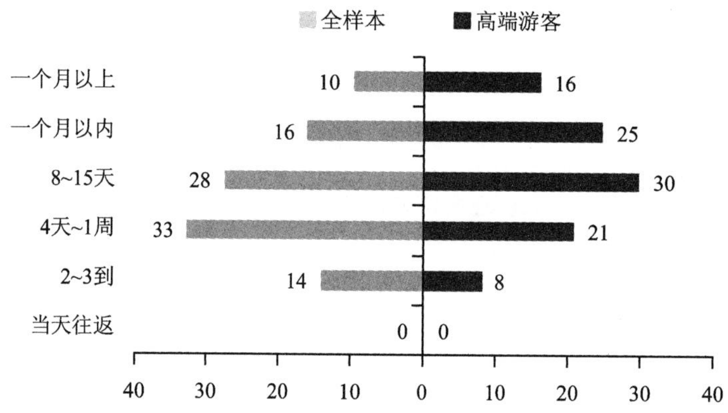

图 4－38　入境高端市场游客与全样本组游客停留时间对比

调查结果显示，高端游客中游览景点数为 10 个及以上的游客所占比例最高，达到 31%，相对于全样本，高端游客游览的景点数较多。其中，30% 以上的游客游览了 10 个及以上景点，一半的游客游览了 6 个以上景点，仅有 24% 的游客游览了不足 3 个景点。而从对总体入境游客调查结果的统计来看，游览 10 个及以上景点的游客占 22%，游览 6 个以上景点的游客占总数的 41%，近 30% 的游客游览景点不足 3 个。

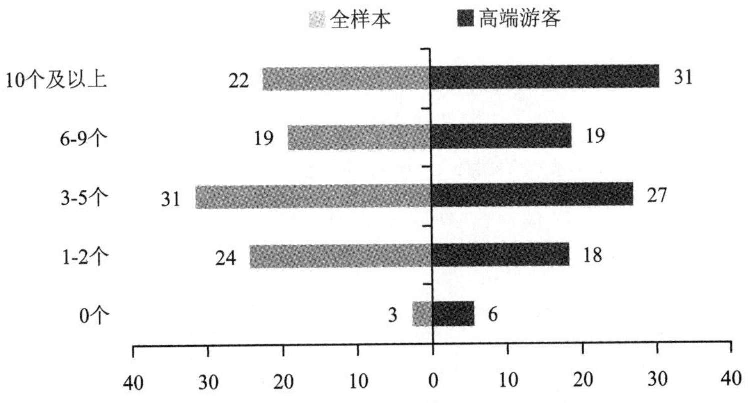

图 4 - 39　入境高端市场游客与全样本组游客游览景点数对比

（二）对旅行费用较为不敏感

调查结果显示，全样本组和高端游客最关注的是旅行费用，其次是景点或旅游地的吸引力以及特色饮食等，除全样本组比高端游客对旅行费用的关注程度高了 5 个百分点外，对其他各方面的关注程度差异不大，差异度都在 4 个百分点以内。

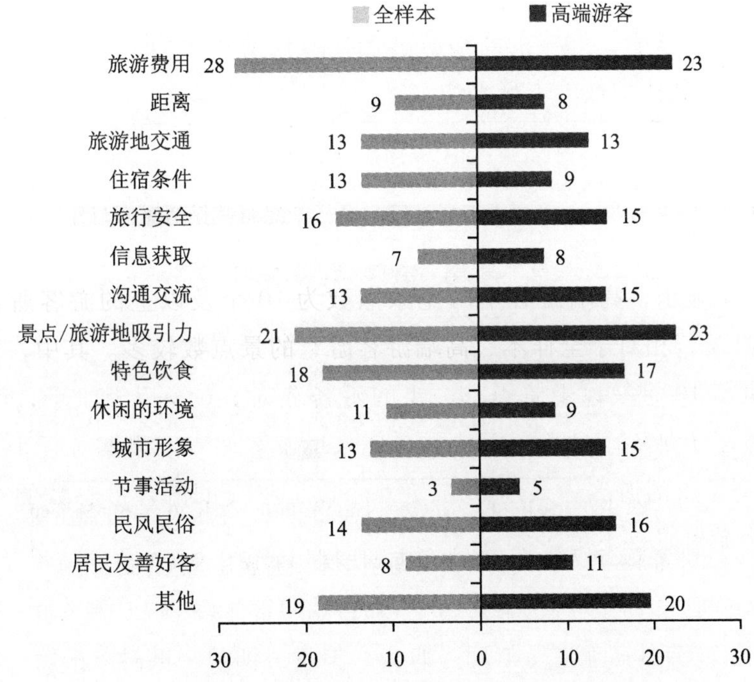

图 4 - 40　入境高端游客与全样本组游客线路选择影响因素对比

（三）在交通和购物上的花费占比更高

调查结果显示，高端游客和全样本组在交通方面花费最多的占比最高，分别为 34% 和 30%，高端游客中在购物项目花费最多的人占 19%，高于全样本组游客 16% 的平均水平；在住宿和景点门票上花费最多的高端游客比例分别低于全样本组游客 3 个百分点和 7 个百分点。

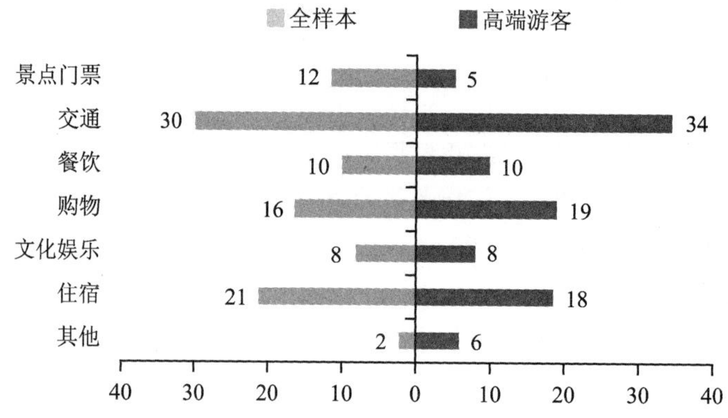

图 4－41　入境高端游客与全样本组游客花费最高项目对比

从住宿选择来看，52% 的高端游客选择入住豪华酒店，高于市场平均水平 12 个百分点，其他均低于市场平均水平。

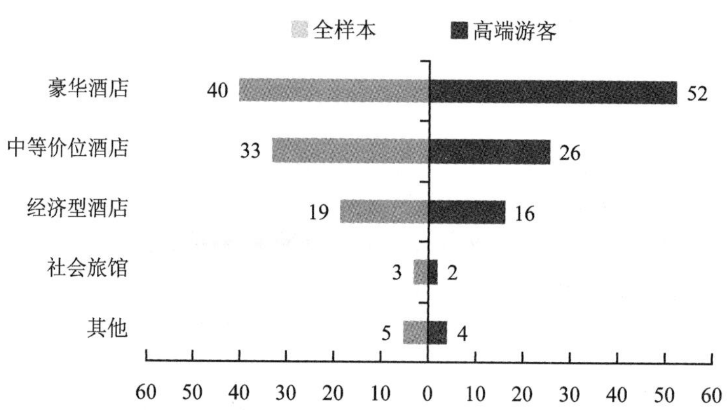

图 4－42　入境高端游客与全样本组游客住宿选择对比

（四）偏爱的游览项目没有明显的不同

与 2011 年高端游客更加偏爱游览文化艺术类景点相比，2012 年高端游客的游览项目与全样本组更加趋同，选择文物古迹类景点的比例最高，其次是山水风光景点等。

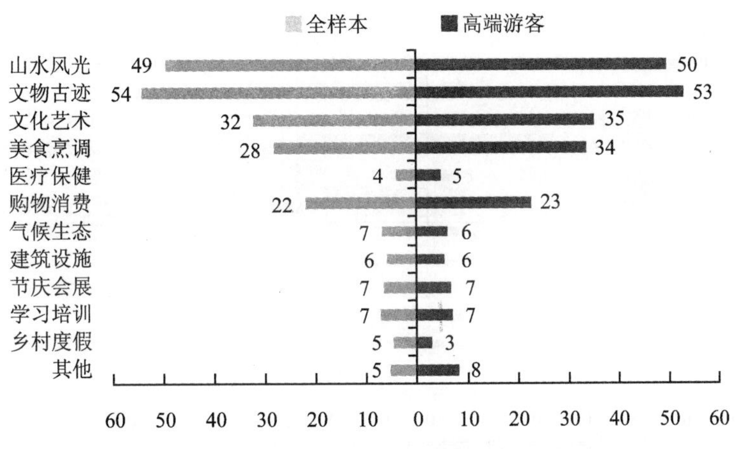

图 4－43　入境高端游客与全样本组游客游览项目对比

（五）年龄明显高于全样本组，但学历没有明显优势

相对于总体入境市场游客中仅有 27% 的游客年龄在 45 岁及以上年龄段而言，高端市场老年游客较多，11% 的游客在 60 岁及以上年龄段，另有 23% 的游客在 45～59 岁之间。

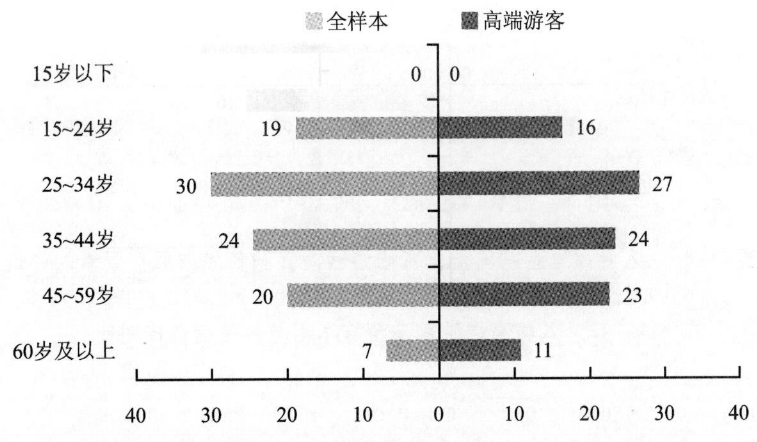

图 4－44　入境高端游客与全样本组游客年龄分布对比

从受访者学历分布来看，高端游客与全样本组相差不大，拥有大学本科学历的游客比例最高，其次是硕士及以上和大学专科。

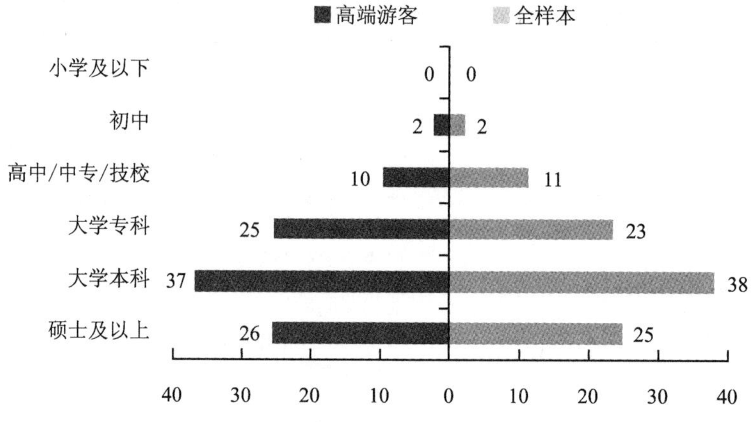

图 4－45　入境高端游客与全样本组游客学历分布对比

（六）对旅游要素的评价普遍低于平均

除对旅行社的评价高端游客略高于全样本组外，对其他各方面的评价，高端游客的评价均低于全样本组。

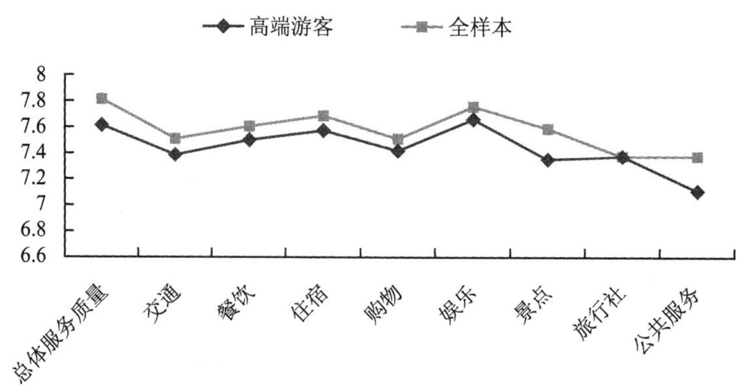

图 4－46　入境高端游客与全样本组游客对我国各旅游服务要素的评价

第三节 入境旅游市场的供给状况

广义的旅游业是一个涉及面很广的产业，而且没有非常清晰和形成统一认识的产业边界。因此，在这样一种宽视角下考察旅游业的产业供给，既无可能，也无必要。秉承上一年度报告的分析思路，从狭义角度考察旅游业产业布局，虽不能完全反映我国旅游业的产业供给的绝对水平，但可以更为准确地体现产业生产力布局的相对均衡性。而这正是本节研究的重点。

一、星级酒店：星级分布呈"椭圆形"，投资高星级酒店热度不减

截至2012年底，纳入国家旅游局星级饭店统计管理系统的星级饭店共计12807家，有11912家经营情况数据通过省级旅游行政管理部门审核，完成率为93.01%，比2011年提高2.57个百分点。就2012年第四季度而言，系统中一万两千多家星级酒店中有11706家完成了经营情况数据的填报，上报数较上年同期增加了30家。涉及一星级酒店151家、二星级酒店3155家、三星级酒店5545家、四星级酒店2201家、五星级酒店654家，其中，一星级和二星级酒店填报数分别较上年同期减少13家和121家，三星至五星级酒店填报数分别较上年同期增加72家、53家和39家。总体结构上依旧呈中间大、两边小的"椭圆形"分布。

需要继续关注的是，虽然无论从人口规模还是经济总量两大指标来看，东中西部"金字塔"结构非常明显，然而星级酒店，尤其是高星级酒店在东部经济发达地区和西部旅游资源富集地区密度相对较高，中部地区则较为稀少（见表4-2可知）。

表 4－2　2012 年第四季度我国大陆各省市自治区星级酒店分布和平均出租率

	一星级		二星级		三星级		四星级		五星级	
	饭店数量（家）	平均出租率（%）	饭店数量（家）	平均出租率（%）	饭店数量（家）	平均出租率（%）	饭店数量（家）	平均出租率（%）	饭店数量（家）	平均出租率（%）
全国	151	52. 92	3155	57. 4	5545	59. 65	2201	61. 87	654	61. 12
北京	18	46. 98	180	54. 26	209	56. 12	124	63. 34	62	63. 42
安徽	2	86. 2	119	58. 84	158	60. 8	91	55. 67	17	52
福建	1	82. 9	40	53. 87	177	62. 63	111	64. 01	29	67. 07
甘肃	13	46. 04	106	46. 04	145	58. 9	43	47. 58	4	37. 88
广东	7	52. 87	143	61. 98	576	57. 66	167	61	98	58. 82
广西	1	51. 58	95	58. 93	209	63. 25	48	58. 58	14	57. 92
贵州	10	67. 3	109	59. 45	122	62. 01	38	67. 14	4	62. 83
海南	5	54. 48	17	50. 86	77	66. 26	44	70. 3	21	62. 35
河北	3	41. 58	75	48. 09	176	52. 25	111	53. 64	16	44. 92
河南	4	39. 02	96	56. 63	198	62. 7	60	56. 46	10	58. 14
黑龙江	3	62. 81	64	38. 57	113	44. 87	47	50. 07	5	64. 93
湖北	5	58. 44	152	62. 47	178	67. 5	66	64. 56	15	65. 67
湖南	6	83. 93	174	77. 06	211	78. 14	48	79. 29	14	85. 36
吉林	1	7. 64	61	37. 31	87	48. 15	44	54. 1	6	63. 17
江苏	0	0	165	64. 09	323	61. 86	183	63. 28	63	63. 93
江西	0	0	65	55. 6	200	59. 66	85	59. 88	10	59. 5
辽宁	5	56. 76	106	54. 9	215	52. 66	66	56. 02	18	52. 97
内蒙古	4	44. 72	128	50. 3	85	46. 1	20	51. 16	7	44. 5
宁夏	0	0	6	73. 24	46	54. 39	25	52. 16	1	27. 51
青海	2	17. 06	26	39. 42	43	47. 11	10	41. 17	2	41. 66
山东	0	0	175	60. 8	465	62. 29	155	63. 65	29	58. 96
山西	0	0	82	58. 44	125	63. 1	52	64. 31	16	58. 8
陕西	0	0	78	59. 39	186	58. 06	42	60. 75	9	57. 09
上海	2	54. 54	47	61. 17	104	51. 38	65	61. 07	53	60. 51
四川	7	69. 9	137	67. 21	188	64. 23	92	69. 66	20	62. 54
天津	1	27. 35	12	85. 34	47	60. 58	34	56. 26	11	60. 35

续表

	一星级		二星级		三星级		四星级		五星级	
	饭店数量（家）	平均出租率（%）	饭店数量（家）	平均出租率（%）	饭店数量（家）	平均出租率（%）	饭店数量（家）	平均出租率（%）	饭店数量（家）	平均出租率（%）
西藏	3	44.06	34	46.42	24	39.38	7	42.24	0	0
新疆	10	57.53	87	53.3	224	57.84	55	55.2	15	47.92
云南	18	44.4	273	54.27	166	56.38	53	63.1	13	62.01
浙江	18	52.4	240	55.73	325	58.42	159	60.87	53	58.76
重庆	1	50	50	46.88	117	59.38	51	72.07	19	67.2

数据来源：2012年第四季度星级饭店统计公报

二、旅行社：向经济发展水平高的地区聚拢

截至2012年第四季度，全国纳入统计范围的旅行社共有24944家，同比增长5.29%。从区域分布来看，我国东部地区（除天津外）及四川、云南、湖北、湖南、广西、重庆等旅游资源相对富集地区的旅行社接待入境旅游人天数更为突出。而对于河南、山西、江西、安徽等中部省份，虽然拥有数量较多的旅行社，但从接待入境旅游人天数排名可以看出，其真正参与到地接入境游客的旅行社，或各旅行社在地接入境游客中所投入的资源则相对匮乏。

表4-3　2012年第四季度我国大陆各省市自治区旅行社分布和接待入境旅游人天数排名

省市自治区	接待入境旅游人天数排名	旅行社家数	省市自治区	接待入境旅游人天数排名	旅行社家数
四川	1	534	山西	17	796
云南	2	602	陕西	18	644
湖北	3	1041	江西	19	760
广东	4	1512	天津	20	344
江苏	5	1996	河南	21	1141
浙江	6	1894	黑龙江	22	654

续表

省市 自治区	接待入境旅游人 天数排名	旅行社家数	省市 自治区	接待入境旅游人 天数排名	旅行社家数
福建	7	760	甘肃	23	427
上海	8	1090	内蒙古	24	779
湖南	9	723	新疆	25	303
山东	10	1963	河北	26	1252
广西	11	510	贵州	27	278
重庆	12	435	吉林	28	540
海南	13	311	宁夏	29	101
安徽	14	986	兵团	30	95
北京	15	1021	青海	31	212
辽宁	16	1141	西藏	32	99

数据来源：2012 年第四季度全国旅行社统计调查情况的公报

三、主要景区：资源与资本密集型主导的相对均衡分布

从本质而言，旅行社和酒店是经济社会的企业性组织，更多地体现为游客产生后的结果。从历史的视角而言，景区则更多地体现为游客产生的原因。尤其是在我国当前以观光为主的旅游发展阶段，差异性成为决定旅游吸引物品类高低的重要评判标准。在资源和资本的双重推手作用下，差异性被予以较为充分地呈现、放大，甚至塑造。如表 4－4 所示，西部 5A 级景区以资源密集型为主，中部地区呈现资源和资本的混合型，东部地区则主要表现为资本密集型。东部在其逐利型资本、西部在其垄断型资源的差异性比较优势支撑下，以及在各地政府的投资热情下推动，均发展出了一批较为成熟的 5A 级景区和世遗景点（见表 4－5）。

从表 4－5 中可以看出，2012 年度新增的世界遗产有 2 处，分别是元上都遗址和中国云南澄江化石遗址，被依次列为世界文化遗产和自然遗产。

截至 2012 年 12 月底，全国共有 145 家国家 5A 级旅游景区。其中，2012

年新增 26 家，其名录如下：

2012 年 1 月 9 日，湖北神农架生态旅游区、湖南长沙岳麓山—橘子洲旅游区、河南洛阳栾川老君山—鸡冠洞旅游区、浙江杭州西溪湿地旅游区、四川阿坝州黄龙景区、广东韶关丹霞山景区等 6 家景区新增为国家 5A 级旅游景区。

2012 年 2 月 8 日，重庆市酉阳桃花源景区、海南省呀诺达雨林文化旅游区、北京恭王府景区、江苏省南通市濠河景区、新疆区富蕴县可可托海景区等 5 家景区新增为国家 5A 级旅游景区。

2012 年 4 月 27 日，江西省鹰潭市贵溪龙虎山旅游景区、江苏省泰州姜堰市溱湖旅游景区等 2 家景区新增为国家 5A 级旅游景区。

2012 年 7 月 2 日，苏州市金鸡湖国家商务旅游示范区新增为国家 5A 级旅游景区。

2012 年 8 月 17 日，福建省宁德屏南（白水洋·鸳鸯溪）旅游景区新增为国家 5A 级旅游景区。

2012 年 9 月 6 日，江苏镇江市三山景区（金山·焦山·北固山）、安徽六安市天堂寨等 2 家景区新增为国家 5A 级旅游景区。

2012 年 10 月 29 日，重庆市万盛经开区黑山谷景区、安徽省宣城市绩溪龙川景区、浙江省绍兴市鲁迅故里沈园景区、福建省泉州市清源山景区、江苏省无锡市鼋头渚景区等 5 家景区新增为国家 5A 级旅游景区。

2012 年 11 月 27 日，北京奥林匹克公园、青海湟中县塔尔寺、广西桂林独秀峰—靖江王城景区、云南省迪庆藏族自治州香格里拉普达措国家公园等 4 家景区新增为国家 5A 级旅游景区。

表 4-4 我国大陆各省市自治区 5A 景区分布

省市自治区	数量	景区名称
北京	7	故宫博物院、天坛公园、颐和园、八达岭—慕田峪长城景区、北京明十三陵景区、恭王府景区、北京奥林匹克公园
天津	2	天津古文化街旅游区津门故里、天津盘山风景名胜区
河北	5	秦皇岛市山海关景区、保定市安新白洋淀景区、保定市野三坡景区、承德避暑山庄及周围寺庙景区、石家庄市西柏坡景区
山西	3	大同市云冈石窟、忻州市五台山景区、晋城市皇城相府生态文化旅游区

续表

省市自治区	数量	景区名称
内蒙古	2	鄂尔多斯市响沙湾旅游景区、鄂尔多斯市成吉思汗陵旅游区
辽宁	3	沈阳市植物园、大连老虎滩海洋公园—老虎滩极地馆、大连市金石滩景区
吉林	3	长春市伪满皇宫博物院、长春市净月潭景区、长白山景区
黑龙江	3	哈尔滨市太阳岛景区、黑河市五大连池景区、牡丹江市镜泊湖景区
上海	3	上海东方明珠广播电视塔、上海野生动物园、上海科技馆
江苏	14	南京市钟山—中山陵园景区、中央电视台无锡影视基地三国水浒景区、苏州园林（拙政园、虎丘山、留园）、苏州市周庄古镇景区、无锡市灵山大佛景区、南京市夫子庙—秦淮风光带景区、扬州市瘦西湖风景区、苏州市同里古镇景区、常州市环球恐龙城休闲旅游区、南通市濠河景区、姜堰市溱湖旅游景区、无锡市鼋头渚景区、镇江市金山·焦山·北固山、苏州工业园区的金鸡湖景区
浙江	10	杭州市西湖风景名胜区、温州市雁荡山风景名胜区、舟山市普陀山风景名胜区、杭州市千岛湖风景名胜区、宁波市奉化溪口—滕头旅游景区、嘉兴市桐乡乌镇古镇旅游区、金华市东阳横店影视城景区、浙江省嘉兴市南湖旅游区、杭州西溪湿地旅游区、绍兴市鲁迅故里·沈园景区
安徽	6	黄山市黄山风景区、池州市九华山风景区、安庆市天柱山风景区、黄山市皖南古村落—西递宏村、宣城市绩溪龙川景区、六安市天堂寨
福建	6	厦门市鼓浪屿风景名胜区、南平市武夷山风景名胜区、福建土楼（永定·南靖）旅游景区、三明市泰宁风景旅游区、泉州市清源山景区、宁德屏南白水洋·鸳鸯溪旅游景区
江西	4	江西省庐山风景名胜区、吉安市井冈山风景旅游区、上饶市三清山旅游景区、鹰潭市龙虎山旅游景区
山东	6	烟台市蓬莱阁旅游区、济宁市曲阜明故城三孔旅游区、泰安市泰山景区、青岛市崂山景区、烟台市龙口南山景区、威海市刘公岛景区
河南	8	登封市嵩山少林景区、洛阳市龙门石窟景区、洛阳市白云山景区、焦作市（云台山—神农山—青天河）景区、平顶山市尧山—中原大佛景区、开封市清明上河园、安阳市殷墟景区、洛阳栾川老君山·鸡冠洞旅游区

续表

省市自治区	数量	景区名称
湖南	5	衡阳市南岳衡山旅游区、张家界武陵源—天门山旅游区、湖南省湘潭市韶山旅游区、岳阳市岳阳楼—君山岛景区、长沙市岳麓山·橘子洲旅游区
湖北	6	武汉市黄鹤楼公园、宜昌市三峡大坝旅游区、宜昌市三峡人家风景区、十堰市武当山风景区、恩施州神农溪纤夫文化旅游区、神农架旅游区
广东	7	广州市长隆旅游度假区、广州市白云山风景区、深圳华侨城旅游度假区、深圳市观澜湖休闲旅游区、梅州市雁南飞茶田景区、清远市连州地下河旅游景区、韶关市丹霞山景区
广西	3	桂林市漓江景区、桂林市乐满地度假世界、桂林独秀峰·靖江王城景区
海南	3	三亚市南山文化旅游区、三亚市南山大小洞天旅游区、呀诺达雨林文化旅游区
重庆	5	重庆大足石刻景区、重庆巫山小三峡—小小三峡、武隆喀斯特旅游区（天生三桥·仙女山·芙蓉洞）、酉阳桃花源景区、万盛经开区黑山谷景区
四川	5	成都市青城山—都江堰旅游景区、乐山市峨眉山景区、阿坝藏族羌族自治州九寨沟旅游景区、乐山市乐山大佛景区、阿坝州黄龙景区
贵州	2	安顺市黄果树大瀑布景区、安顺市龙宫景区
云南	6	昆明市石林风景区、丽江市玉龙雪山景区、丽江市丽江古城景区、大理市崇圣寺三塔文化旅游区、中国科学院西双版纳热带植物园、迪庆藏族自治州香格里拉普达措国家公园
陕西	5	西安市秦始皇兵马俑博物馆、西安市华清池景区、西安大雁塔－大唐芙蓉园景区、渭南市华山景区、延安市黄帝陵景区
青海	2	青海湖景区、西宁市湟中县塔尔寺景区
甘肃	3	嘉峪关市嘉峪关文物景区、平凉市崆峒山风景名胜区、天水市麦积山景区
宁夏	3	石嘴山市沙湖旅游景区、中卫市沙坡头旅游景区、银川市镇北堡西部影视城
新疆	5	新疆天山天池风景名胜区、吐鲁番市葡萄沟风景区、阿勒泰地区喀纳斯景区、伊犁哈萨克自治州那拉提旅游风景区、富蕴县可可托海景区

表 4-5 我国世界遗产名录

世界遗产名称	批准时间	遗产种类
长城	1987.12	文化遗产
北京故宫、沈阳故宫	1987.12	文化遗产
陕西秦始皇陵及兵马俑	1987.12	文化遗产
甘肃敦煌莫高窟	1987.12	文化遗产
北京周口店北京猿人遗址	1987.12	文化遗产
山东泰山	1987.12	文化与自然双重遗产
安徽黄山	1990.12	文化与自然双重遗产
湖南武陵源国家级名胜区	1992.12	自然遗产
四川九寨沟国家级名胜区	1992.12	自然遗产
四川黄龙国家级名胜区	1992.12	自然遗产
西藏布达拉宫	1994.12	文化遗产
河北承德避暑山庄及周围寺庙	1994.12	文化遗产
山东曲阜的孔庙、孔府及孔林	1994.12	文化遗产
湖北武当山古建筑群	1994.12	文化遗产
江西庐山风景名胜区	1996.12	文化遗产
四川峨眉山—乐山风景名胜区	1996.12	文化与自然双重遗产
云南丽江古城	1997.12	文化遗产
山西平遥古城	1997.12	文化遗产
江苏苏州古典园林	1997.12	文化遗产
北京颐和园	1998.11	文化遗产
北京天坛	1998.11	文化遗产
重庆大足石刻	1999.12	文化遗产
福建武夷山	1999.12	文化与自然双重遗产
四川青城山和都江堰	2000.11	文化遗产
河南洛阳龙门石窟	2000.11	文化遗产
明清皇家陵寝：明显陵（湖北钟祥市）、清东陵（河北遵化市）、清西陵（河北易县）、盛京三陵	2000.11	文化遗产
安徽古村落：西递、宏村	2000.11	文化遗产
山西大同云冈石窟	2001.12	文化遗产
云南三江并流	2003.7	自然遗产

续表

世界遗产名称	批准时间	遗产种类
高句丽王城、王陵及贵族墓葬	2004.7	文化遗产
澳门历史城区	2005.7	文化遗产
四川大熊猫栖息地	2006.7	自然遗产
安阳殷墟	2006.7	文化遗产
中国南方喀斯特	2007.6	自然遗产
开平碉楼与村落	2007.6	文化遗产
福建土楼	2008.7	文化遗产
江西三清山	2008.7	自然遗产
山西五台山	2009.6	文化遗产
登封“天地之中”历史建筑群	2010.7	文化遗产
中国丹霞	2010.8	自然遗产
杭州西湖	2011.6	文化遗产
元上都遗址	2012.6	文化遗产
中国云南澄江化石遗址	2012.7	自然遗产

第四节　入境旅游市场供求综合分析

一、市场需求的“休闲主导”特征明显

入境游客中首次到访中国的游客略多于多次到访的游客；从入境游客的旅游目的来看，游览观光以及了解中国特色文化仍是主要目的；在选择目的地以及旅游景点时，旅行费用是游客最为关注的因素，其次便是景点或旅游地的吸引力；游客的主要游览项目集中在文物古迹、山水风光和文化艺术。

综合入境游客的人文统计特征、消费决策特征、决策影响特征、消费结构特征、游客消费评价、游客满意度评价等分项要素，不难发现入境旅游市场需求的“休闲主导”特征。当前，来中国的入境游客更加注重休闲的经历，更加向往原生态的文化与自然，也更加要求轻松体验厚重的中华文化。相对于 20 世

纪 80 年代和 90 年代来中国旅游的文化积淀相对较深的以中老年游客为主体的客源市场而言，当前的入境客源市场无论是在消费心理还是在消费模式等方面都在发生悄然的变化。

二、市场供给的“资源主导”和“资本主导”惯性持续

从星级酒店、旅行社、主要景区等供给的基本要素来看，当前入境旅游市场供给的“资源主导”和“资本主导”惯性仍在持续。从历史的视角而言，旅游景区是吸引入境游客赴华旅游的核心吸引物。综合考虑我国当前对于旅游景区的评判标准，差异性成为最有权重的影响因子。在资源和资本的双重推手作用下，差异性被充分地呈现、放大，甚至被塑造，进而导致我国的代表性旅游景区，如世界遗产和国家 5A 级旅游景区也呈现出相应的典型特征。

我国西部的世界遗产和国家 5A 级旅游景区多是资源密集型，我国东部的世界遗产和国家 5A 级旅游景区多表现为资本密集型，我国中部的世界遗产和国家 5A 级旅游景区则呈现资源和资本的混合型。旅游景区的“资源主导”和“资本主导”间接地导致了星级酒店分布的“资源主导”和“资本主导”倾向，尤其是高星级酒店在东部经济发达地区和西部旅游资源富集地区密度相对较高，在中部地区则较为稀少。与此同时，旅游景区的“资本主导”倾向也间接导致了旅行社进一步向经济发展水平高的地区聚拢。

三、供给与需求之间的结构性矛盾应该得到高度重视

综合对比入境旅游的供给与入境旅游的需求，便不难发现两者之间存在的结构性矛盾。当前，我国入境旅游无论是在国际客源市场需求方面，抑或是在旅游供给方面均发生了一定的变化，这些变化应该引起足够的重视。

国际旅游市场目前的需求趋势是“度假为主，观光为辅”，呈现倒弓形。我国以观光为主的旅游供给结构体系多年来变化不大，尽管休闲度假有所增长，但总体格局仍然是“观光为主，度假为辅”，呈现弓形。

事实上，自 20 世纪 80 年代以来，我国的旅游产业供给先是配合国际游客观光需要，后来则更多地转变为迎合国内游客观光需要，对入境游客休闲需求的满足能力的确较弱。这一现象的出现有其必然性：我国尚处于观光为主的旅

游发展阶段，这一阶段游客需求的典型特点是寻找差异化的游赏空间，也即游客倾向于观赏和体验与自身惯常环境不一样的景观和事物，从而决定了旅游的单次性很强，对旅游服务品质的要求不是很高。然而，对于入境游客而言，情况却并非如此。尤其是西方发达国家游客的旅游需求以休闲为主，这一需求的典型特点是寻找相似性的生活空间，如在酒店住较长一段时间却只享受在泳池边晒日光浴等简单且相似性的活动，这就决定了旅游的重复性非常明显，对旅游服务品质的要求也很高。

我国当前的资源特质决定了在相当长的一段时间里，“资源主导”以及“资本主导”的旅游供给倾向仍将持续下去，但为长远计，“观光主导”的单一模式必须得到改变。此外，着眼于长远的发展，我国的入境旅游必须改变产品的结构，推出更多的个性化产品，以及更加多元化的组合。国际游客的个性化倾向要求我们在细分市场的基础上，量身定制地开发个性化产品。缺乏国际理念、国家水准的度假产品，便难以吸引占国际市场半壁江山的度假游客；缺乏具有中国特色的体验性产品，便难以吸引国际市场引领潮流的经历型游客；缺乏给游客足够自由度的产品，便难以吸引国际市场占主流的散客；缺乏个性化人性化的服务项目，便难以吸引日益增长的商务度假游客。

第五章
2012 年中国入境旅游营销工作评价

第一节 2012年中国入境旅游营销工作概况

一、国家层面入境旅游营销工作概况

作为旅游行政主管部门，国家旅游局是中国旅游整体形象宣传和市场推广的主要牵头单位。2012年，国家旅游局在国家层面开展了一系列有关入境旅游的宣传推广与市场营销工作。

（一）加强顶层设计和统筹，建立旅游市场宣传推广体系

旅游宣传推广是旅游业发展的龙头工作，也是国家旅游局的主要工作职责之一。根据当前国内外旅游市场新形势，国家旅游局在国家层面制定了“六个一”工作计划，旨在加强顶层设计和统筹，建立旅游市场宣传推广体系。

一个指导性文件——出台《关于做好新形势下旅游市场宣传推广工作的意见》。该文件是当前和今后一段时期进一步做好旅游市场宣传推广工作的纲领性文件。经多轮修改和完善，该文件已于2012年11月7日正式出台并下发给各地。各地普遍表示，《关于做好新形势下旅游市场宣传推广工作的意见》给各地提供了强大精神动力和智力支持，对做好当前旅游市场宣传推广工作具有重要指导意义。为切实做好《关于做好新形势下旅游市场宣传推广工作的意见》的贯彻和落实工作，国家旅游局进一步起草了对此文件的解读材料，并拟在2013年年底和2014年进一步宣传贯彻。

一个中长期规划——编制《外国人入境旅游市场中长期发展规划》。为科学认识当前发展形势，战略谋划我国入境旅游未来的发展，特别是“十二五”时期的发展，国家旅游局与中国旅游研究院合作，编制《外国人入境旅游市场中长期发展规划》，明晰当前和今后一段时期外国人入境旅游市场开发的目标、

策略、主要措施和行动计划，为做好入境旅游市场工作提供有力指导。

一个国家品牌——推出“美丽中国之旅”中国旅游整体形象。经科学研究和多次探讨，国家旅游局推出了“美丽中国之旅”的中国旅游整体形象。当前，国家旅游局正在积极推进后续的推广策划有关活动，并制定海外宣传推广计划，相信该形象必能进一步扩大中国旅游品牌的国际影响力。

一个推广平台——启动中国旅游推广网站建设。中国旅游推广网站建设是当前旅游市场宣传推广的最紧迫、最重要的工作之一。为适应旅游市场发展新形势，增强中国入境旅游国际竞争力，2012 年 9 月，国家旅游局联合有关单位启动了中国旅游推广网站建设工作，目前设计工作已经完成，各项工作正在有序推进，预计 2013 年底能够完成该项工作。

一个评价机制——启动旅游宣传推广评价机制建设。国家旅游局与中国旅游研究院合作，启动了地方旅游知名度调查研究工作，并拟在此工作的基础上，制定全国各地旅游宣传推广绩效评估及表彰奖励制度。

一支宣传推广队伍——举办全国旅游市场处长培训班。建设高素质的旅游市场队伍是促进旅游市场发展，提升工作效率和水平的重要条件。随着旅游业全球化、大众化、产业化、信息化步伐不断加快，对旅游市场宣传推广工作、旅游市场人才队伍建设等方面都提出了更高的要求。为了提升整体市场推广队伍素质，强化工作创新能力、专业钻研能力和综合调动能力，国家旅游局于 2012 年 12 月举办全国旅游市场处长培训班，全国范围的旅游市场营销专业培训班，为学员分析了当前国际和国内旅游市场发展形势，强调了旅游市场工作的基础性地位，明确了市场队伍建设的重要性。围绕目的地品牌建设、旅游新产品开发、体验式营销推广、旅游创新传播、会展旅游经济等题目，进行了内容充实、形式新颖的授课，进一步提升了市场队伍的专业化水平。

（二）注重基础建设与改革创新，推进重点市场工作

2012 年国家旅游局更加注重市场推广的基础性建设与改革创新，开展了一系列卓有成效的重点市场工作。

一是努力开拓境外参展及推广活动新局面。2012 年国家旅游局牵头参加和举办了德国柏林国际旅游交易会等 23 个国际展览，组织了日韩、东南亚、俄罗斯等 8 项境外专项推广活动，邀请了来自欧美、亚洲等地的 63 批次、近千人的媒体记者和旅行商来华考察采风。在活动中积极与有关专业机构合作，从推广

内容、推广渠道、推广方式等方面入手，努力探索宣传工作的新模式、新做法。

二是通过大型活动做好市场宣传和推广。围绕“2012 中国欢乐健康游”宣传主题，年初与中俄旅游年启动仪式相结合，在黑龙江省举办了隆重的主题年启动仪式；4 月在青岛举办中国国内旅游交易会；11 月在上海举办中国国际旅游交易会，海内外媒体积极参与了各项活动的宣传报道，掀起中国旅游宣传热潮。

三是不断加强市场基础研究工作。年初即根据市场形势和当前的重点热点问题，确定重点研究市场课题，并面向驻外办事处和各省区市旅游局下发了全年调研主题，研究组织编制三大旅游市场的发展年度报告，做好《旅游市场》杂志的编撰工作，进一步提升市场调研的理论专业水平，加强旅游市场调研基础工作。

四是改进和完善旅游宣传品制作。除 4 大类 85 种传统宣传品外，2012 年国家旅游局深挖情感主线，策划拍摄了《长江三峡》、《新疆》2 部宣传片，在纽约时报广场、首都机场三号航站楼、CCTV－4《远方的家》栏目以及韩国、印度等主要客源市场组织投放中国旅游形象和“中俄旅游年”宣传广告，获得良好效果。

五是加强部门间宣传推广合作。与中央外宣办进一步紧密合作，制定《2012 年业务合作行动计划》；与文化部积极配合，作为“海外春节”组委会成员单位，将在海外举办的有关旅游文化活动纳入“海外春节”总体活动，共同推广中国文化和旅游，促进国家文化软实力提升。

（三）借助“旅游主题年”推动旅游产品升级和市场营销创新

2012 年的入境旅游营销宣传围绕着“中国欢乐健康游”这一主题，倡导旅游“修身养性、强健体魄”的理念。为了进一步整合、推广中国旅游形象，向世界集中展示古老与现代交相辉映的中国，国家旅游局制作了涵盖我国东西南北中主要旅游资源的宣传片，以长城、兵马俑、上海外滩、丝绸之路、长江三峡等著名景点和旅游产品为主线，融合了欢乐健康的主题，开展了多场集中区域、集中时段对重点客源市场的宣传推广活动，加大入境市场开发力度，对推动我国入境旅游市场的平稳增长起到了积极的作用。“旅游主题年”继续成为各地旅游产品设计、市场营销的重要依据。

例如，浙江丽水市历来作为道家文化的传播地，根据国家旅游局确定的

"中国欢乐健康游年"的主题提出宣传博大精深的中华"养生文化"，使之成为我国旅游业的一张新王牌，得到国内外众多游客的认可。贵州省突出地方民族文化特色，挖掘资源潜力，强化和丰富贵州"春赏花、夏避暑、秋风情、冬温泉"四季游产品文化内涵，打造出一批休闲体验、探险科普、体育健身、避暑疗养、健康美食等休闲度假旅游产品。

（四）服务外交大局、旅游业发展和市场需求，提高旅游国际合作层次

旅游国际交流与合作，既是民间外交的重要组成部分，也是拓展旅游市场的重要方式和手段。2012年，国家旅游局以推进两大战略目标的国际合作为核心，积极服务外交大局，发挥国际合作对市场工作的促进作用，切实提高国际合作层次，丰富国际合作内涵。

一是积极推动旅游合作文件签署及ADS工作。2012年，国家领导人见证了多项旅游合作文件的签署，为丰富双边合作内涵、提升国家领导人对旅游业关注度发挥了积极作用。继续利用旅游目的地开放平台，服务国家外交、经济工作，截至2012年年底，我国共开放148个国家和地区为中国公民出国旅游目的地，正式实施115个。

二是借助国际合作平台服务市场发展需要。利用中巴高委会、中美旅游工作组会议、中墨旅游工作组会议、中俄人文合作委员会旅游分委会、中澳旅游双边对话会议等活动的契机，与对方交换旅游信息，分享旅游发展经验，制订旅游合作计划，并着重交流旅游市场方面的经验。

三是拓展国际合作空间，提升国际话语权。举办第六届中美省州旅游局长合作发展对话会议等，为地方省市提供更多对外交流的机会和平台。努力推动中文成为世界旅游组织官方语言，截至目前已有50个成员国完成相关批准手续。

四是妥善应对涉外旅游事件。按照中央统一部署，并与有关部门紧密配合，在黄岩岛维权斗争中，灵活掌握并坚决执行对菲反制措施，为对菲工作取得阶段性成果发挥了重要作用；在9月"日本非法购岛"后，妥善处理了涉日旅游的相关工作，如取消赴日本参展、婉拒日本来华参展和控制日本买家邀请数量等，配合我总体外交战略，做好涉外旅游事件处置工作。

（五）创新海外宣传模式，积极应对国际竞争

按照“政府主导、企业主体、品牌主旨、产品主打”指导方针，围绕“专业化、市场化、国际化”的工作目标，2012 年国家旅游局组织专门旅游推广团在欧洲德语区包括德国慕尼黑、法兰克福、瑞士苏黎世、奥地利维也纳等地举办了“丝绸之路”专项旅游推介活动，推广中国旅游形象，展开中外业界交流。依靠精心设计活动方案，积极创新活动模式和工作流程，以市场调研为基础，调动市场主体力量，通过先期广告预热造势，确保中外人员专场预约洽谈质量。推介会环节依托中国旅游品牌整体形象，有机整合主题线路和延伸线路，通过 PPT 专业讲解、播放极富冲击力的多媒体视频、邀请知名博主谈个性化体验、精选中外企业嘉宾讲解产品等方式，全方位推介丝绸之路，引起来宾的共鸣和认同，实现形象宣传和产品销售有机结合，不仅给当地业界留下良好和深刻的印象，有力提升了中国旅游品牌的美誉度和影响力，而且在树立中国旅游推广团专业形象方面迈上了新的台阶，为今后务实开展推广活动积累了有益经验。此外，为庆祝中澳建交 40 周年、2012 年澳大利亚“中国文化年”，国家旅游局在墨尔本举办了“中国会奖旅游”大型推广活动；国家旅游局还组织各地旅游部门和旅游企业赴港参加第 47 届香港国际工业出品展销会，积极向香港同胞和各国游客展示丰富多彩的旅游资源和产品。

（六）通过国际旅游交易会推动中国进一步走向世界

在全球经济复苏乏力的背景下，2012 中国国际旅游交易会受到目的地国家和地区的高度重视，吸引了 104 个国家和地区的 2500 余家旅游企业和旅游机构前来展示产品、洽谈交易，为推动世界旅游加强合作、健康发展，为推动中国旅游走向世界、服务世界，发挥了重要作用。中国国际旅游交易会对展示旅游资源和产品、促进旅游国际交流与合作、推动旅游业全面发展具有重要意义。

2012 中国国际旅游交易会的亮点有：第一，组委会特意增加了俄罗斯、印度等新兴市场的买家数量。第二，吸引了许多有实力的跨国旅游集团参加旅交会。第三，旅行社、景区景点、酒店、旅游装备等旅游企业参展积极性明显提高，旅游企业参展比例达到 70%。例如，港中旅、首旅集团、中国国际航空公司、携程旅行网等各领域最具实力的大型旅游企业均设置了较大面积的展台。第四，此次旅交会展现了全球尤其是亚太地区旅游业发展的最新动向。其中尤

以2012年俄中携手在中国举办“俄罗斯旅游年”的关注度最高。

（七）做好中国“俄罗斯旅游年”的工作组织与宣传推广

中俄互办“旅游年”是两国元首达成的重要共识，是进一步深化中俄全面战略协作伙伴关系的重要举措。2012年1月1日，中俄两国元首在互致新年贺电中共同宣布中俄“旅游年”启动。2012年6月5日，胡锦涛主席与俄罗斯总统普京在北京共同见证了两国旅游合作备忘录签署仪式。温家宝总理为中国“俄罗斯旅游年”开幕式专门致贺词。

2012年3月23日，王岐山副总理出席中国“俄罗斯旅游年”开幕式并致辞，3月24日亲自出席了中俄旅游合作论坛，并发表了“把旅游培育成中俄两国战略合作新亮点”的重要讲话。积极支持俄方3月在华举办“俄罗斯旅游年”开幕式和中俄旅游合作论坛，以及6月“北京—莫斯科”中俄记者万里自驾车采访等活动；7月18日至25日，组织千名中国游客访俄旅游交流，俄方专门为千名中国游客在莫斯科举办了大型文艺演出；10月初，北京市政府邀请了50个俄罗斯家庭150多人来到北京参加民宿旅游等活动，开创中俄民众往来的新形式；自6月起，中方还组织了百名中国媒体记者赴俄考察采访，举办了“你好，俄罗斯”大型专题节目百日联播；开行了哈尔滨至符拉迪沃斯托克、呼和浩特至乌兰乌德的旅游专列各1趟，600余名中国游客乘坐了专列。11月16日，在上海东方体育中心隆重举办了中国“俄罗斯旅游年”闭幕式，为2012中国“俄罗斯旅游年”画上圆满句号。这些活动有效发挥了“旅游年”在巩固中俄友好社会基础，促进两国旅游合作，深化中俄战略合作关系等方面的积极作用。

（八）鼓励地方旅游局创新宣传模式，丰富宣传手段

2012年，我国微博用户数量增长迅猛，从6311万增长到1.95亿，增幅达208.9%。而在这近2亿的微博用户中，绝大部分是35岁以下的年轻人群体和大专文化程度以上的高教育程度群体。据业内人士分析，发现微博用户群与旅游市场的潜在消费力量完全吻合。为此旅游部门负责人表示，将加强对微博的运用，认识网络营销的重要意义，积极推进旅游微博的建设。

微博虽“微”，但很“博”。目前，各地旅游官方微博均通过了新浪、腾讯微博的官方认证，通过借助微博这个平台，对各地的旅游快讯、景点动态、特

色美食、旅游购物、节庆活动等旅游要素进行推介，在网友及时了解当地旅游的特色及活动信息时，也能获悉网友的反馈意见。同时，地市级旅游系统的官方微博已统一到省级旅游官方微博群里，所有有关旅游的信息能够更快捷地通过微博群发布出去。网友通过回答微博提问并转发微博，有机会获得省内参与活动的各主打景区门票，百张景区门票被抢答一空，使旅游资讯经过大量"转发"后的视觉关注，最终转化为实实在在的出游行程，活跃了旅游市场。同时，参与活动推广的微博可以涉及报业、旅行社、景区等各个方面，及时传达消息，形成统一合力，共同促进旅游行业的发展，是2012年国家层面的旅游工作借助新型的营销推广手段所达到的显著效果。

二、地方层面入境旅游营销典型案例

（一）创新海外社交媒体营销——杭州经验

2012年，各地按照"积极发展入境旅游"的目标，不断创新营销手段，加大营销宣传力度，提升营销效果。杭州市旅游委员会借力FACEBOOK等创新海外营销方式，以推动产品转型升级、丰富城市旅游结构为重点，积极开拓各境外客源市场。在美国社交网站FACEBOOK上正式启动"Go to Hangzhou"活动，杭州旅游FACEBOOK主页和"Go to Hangzhou"游戏应用同时上线。"Go to Hangzhou"游戏紧扣"下一站，杭州"主题，结合伦敦奥运会运动元素，让游戏玩家体验从时尚都市伦敦到东方名城杭州的时空转换之旅。让玩家在游戏中完成对杭州初步的认知，成为杭州旅游FACEBOOK主页的粉丝后，不断地了解杭州的风景，刺激了海外消费者对杭州的向往，发展了潜在的市场主体。

（二）营销联盟合力拓展入境市场——河北经验

河北省发展入境旅游，坚持"一国一地，一社一策"的原则，充分发挥旅行社的市场主体作用，依托其联系市场、组织客源的渠道优势，推动省内重点旅行社、相关景区、饭店、购物点与目标客源市场有关旅行商合作，结成河北旅游市场营销联盟，进行捆绑销售，合力拓展市场，形成客源的长效机制。河北省把每个营销联盟建成河北旅游海外咨询服务中心，并聘请客源地联盟旅行商为河北旅游市场顾问。形成由旅游主管部门协调推动，以产品营销为核心，以旅行社为纽带，配套要素企业全面跟进，省内、海外两个联盟有效对接、合作互助的市场营销机制，打开市场突破口，不断扩大河北旅游市场份额。

（三）企业主体，政府助推——四川经验

“多渠道组合，多方式融合，多活动联合”是四川省入境游的亮点。过去四川入境旅游营销注重让游客知道四川、知道熊猫。如今，随着入境旅游市场发展越来越成熟，2012年四川省在海外的以“企业主体，政府助推”理念为指导的旅游营销模式初具雏形。

四川省选择主要入境组团社进行合作。例如，与香港康泰旅行社在宣传营销方面达成协议，该旅行社将把四川作为重要市场，从2012年起将共同在香港各地铁口、报纸媒体进行四川旅游营销。与港中旅达成初步协议：从2012年起，双方将在加强旅行社方面的业务合作的同时，还希望在四川开展包括景区打造、酒店建设等方面的投资合作，进一步扩大双方的合作深度和广度。

亚洲旅游交流中心是国家旅游局面向港澳地区的窗口。四川省政府以2012年四川旅游图片展的举办为契机，与该中心的合作进一步升级，达成年度合作协议：未来，该中心将把四川作为其主推的内地旅游目的地。2012年8月下旬，双方还在四川共同举办川港澳旅行商大会。

（四）创新高铁旅游营销——山东经验

2012年“行进中的高铁旅游营销大会”创意频出，精彩纷呈，“好客山东”品牌下的古老文化与“高铁时代”的新潮时尚相融合，诠释着高铁对旅游产业、人们的生活方式及社会经济的发展带来的强大冲击。

山东省旅游局为迎接山东高铁时代的到来，一方面以资源优势和品牌优势为基础，广泛征集业界专家、学者的意见，从宏观层面解读高铁对旅游产业带来的机遇与挑战，树立构建高铁旅游大旅游目的地典范的产业愿景；另一方面积极行动，从客源地细分市场、旅游产品和产业格局上，贯彻高度认知、深度研究、广度覆盖的战略部署，通过构建省内外高铁旅游联盟、针对高铁旅游市场需求策划推广高铁旅游产品、着力提升服务能力和质量等举措，为迎接高铁时代背景下旅游产业的大提升、大转型和大发展，谋划时间表和路线图。

（五）构筑入境旅游高层营销体系——上海经验

在建设世界著名旅游城市的进程中，上海已经建成了一批水准较高的观光

景点，经历过世博观光的考验后，相关景点的接待水准更趋成熟。如何更好地利用现有的观光资源，做好城市形象宣传工作，如何利用上海国际化大都市高端人士聚集的优势，更好地开展入境游宣传工作，是市旅游局国际处始终在思考的问题。2011 年，市委、市政府出台的《关于加快上海旅游业发展，建设世界著名旅游城市的意见》中也明确指出，“充分利用国内外主流媒体、影视作品、纪念品及网络、电信等新载体，加强对上海城市形象、主要旅游区（点）及重大节庆、赛事、会展等活动的宣传。利用重大节庆、赛事、会展等活动，构建城市形象宣传平台”。在此指引下，国际处抓住桃花节和鲜花港开园十周年的契机，利用多方资源，邀请沪上境外高端人士现场考察观光景点，不仅进一步提升了重要节庆活动和观光景点的知名度，也丰富了市旅游局的营销渠道，进一步加强了市旅游局与驻沪领馆、境外媒体和境外观光机构的旅游交流与合作，同时也是旅游局构建高层营销体系的重要尝试。

第二节　入境旅游营销的国际经验借鉴

一、瑞士：打通独立单元促销渠道，形成连贯便捷、统一完整的营销通道

2012 年瑞士旅游局联手欧洲高铁、瑞士交通系统网络等交通运输部门、文化部门联合推出组合灵活性好、便利度高的旅游产品，打通各个独立单元的促销渠道，形成连贯便捷的从供应商到游客的统一而完整通道，收到了良好的市场促销效果。例如，任何持有 2012 年一定促销时段 4 日瑞士活期通票的游客，同行旅伴可免费旅行。其次，持有瑞士通票的游客在 3 天至 1 个月内可无限次自由搭乘瑞士交通系统（STS）网络内的公共交通工具，包括火车、巴士和游船。再次，凭瑞士通票还可以搭乘经典的全景观光线路，在乘坐大部分登山火车和缆车时享受 50% 的优惠。此外，瑞士拥有种类繁多的博物馆，历史悠久的古老城堡和现代新潮的展览。瑞士通票还可作为博物馆通票使用，持有者可以免费参观瑞士 400 多家博物馆。持有瑞士交通系统（STS）票证的家长可以申请瑞士交通系统家庭优惠卡，如果带自己 16 岁以下的孩子旅行，儿童享受免费。

二、欧洲：开展专题旅游市场促销

2012 年，德国国家旅游局通过“商务旅游主题年”的确定，大力推动商务旅游发展，继续提升这个领域的市场需求。与德国会展局（GCB）携手合作推出一个全新网站，专门介绍有关德国会展、会议与奖励旅游方面的详细信息。针对全球重要的客源市场——欧洲境内的瑞士、奥地利、西班牙、意大利、英国、捷克、俄罗斯、波兰、比利时、丹麦和法国以及美国、中国、巴西和日本等海外市场，积极参与行业相关的主题展会，即德国和美国举行的国际会展、会议及奖励旅游展（IMEX）以及西班牙欧洲会议与奖励旅游展（EIBTM），呈现德国丰富的商务旅游资源。此外，德国国家旅游局还将与会展经济协会（AUMA）以及德国会展局开展一系列联合促销行动。德国国家旅游局的官方网站也成为市场营销活动的基础阵地。在网站主页面中的“城市 & 文化”的“好客”栏目下，度假者可以获得相关活动的详细信息。这部分内容被以七种语言发布在十国网站上，方便全球游客查阅。与此同时，德国国家旅游局还特别制作、推出了十三条视频短片，向公众呈现各个地区风景人文和美食特产。通过海报、广告以及媒体招待旅行等形式进行宣传促销。

欧洲理事会牵头组织欧洲各国旅游、教育、文化、艺术等相关部门和机构，历时 3 年开发出 24 条欧洲跨境文化旅游线路，并联合各国，各地区、城市以及相关机构进行绑定促销（www. coe. int）。例如，“欧洲莫扎特之路”（The European Mozart Way），以莫扎特 18 世纪游历 10 国的传奇音乐人生为线索，联合奥地利、比利时、捷克、法国、德国、英国、意大利、荷兰、斯洛伐克、瑞士十国进行旅游要素合理化组织，建立英、法、德、意四国语言的专门宣传促销网站（www. mozartways. com），除了介绍莫扎特生平、家书及其艺术生涯、音乐作品，还详细地提供线路设计理念、全线路互动地图、沿途每个地区和城市、景区景点、节庆活动、餐饮食宿、自助旅行日历、当地旅游咨询电话电邮等内容。通过旅游产品创新性的开发、营销，让人尽皆知的欧洲抽象的艺术、文化成功激发潜在游客强烈的游览动机和购买行为。

三、新加坡：以消费者为中心，联动上下游企业

北京新加坡中心是集新加坡旅游局、展览及会议署、新加坡留学中心和医疗保健中心四位一体的新加坡政府驻外办事机构。各组织之间相对独立又紧密合作。自 2011 年年底启动“从心发现”主题整合营销活动以来，新加坡中心向中国消费者全面而深入地介绍当地人文旅游资源与旅游景点、留学信息、医疗保健旅游产品及新加坡投资市场等信息。为实现以消费者为中心的增长目标，新加坡旅游局还密切联系航空、旅行社、酒店等旅游业上下游企业，通过资源共享、产品开拓、行业展会等形式，充分实现了宣传推广的效益最大化。

四、澳大利亚：借助新媒体，整合传播平台

2012 年，澳大利亚首部旅游微电影《再一次心跳》全新上线，随着微电影的推出，澳大利亚旅游局后续一系列的数字营销策略也随之展开。此次微电影推广结合视频网站与社交媒体的传播优势，将澳大利亚的旅游信息通过名人影响力及多种数字平台进行了传播。该剧作为澳大利亚官方的旅游宣传片，更算得上是澳大利亚旅游当局的一次出色的营销。澳大利亚旅游局设立了土豆网活动专区（australia. tudou. com）及 YouTube 专页（Youtube. com/Australia）。其中，土豆网活动专区提供电影拍摄地的景点介绍、国泰/港龙航空的机票讯息，以及澳大利亚卓越旅游专家的行程推介，让消费者在欣赏微电影的同时，更多地了解澳大利亚风光，并获得更多出行澳大利亚的信息。

第六章

中国入境旅游发展趋势与对策建议

第一节　中国入境旅游发展的趋势预测

一、在全球范围内，国际旅游的重心将继续向新兴经济体国家转移

从目前发展的趋势来看，未来新兴经济体的入境旅游人数将继续增长，与发达经济体之间的差距将进一步缩小。国际旅游客流向新兴经济体的流动速度有望进一步加快，国际旅游的重心将继续向新兴经济体转移。

根据联合国世界旅游组织（UNWTO）最新数据显示：2013 年 1—6 月，全球国际旅游接待 4.94 亿人次入境过夜游客，同比增长 5%。其中：亚太地区增长 6%，领跑全球国际旅游；欧洲地区增长 5%，与全球平均增速基本持平；美洲地区增长 2%；非洲地区增长 4%。

二、从国内形势来看，“三大市场”的竞争格局仍将持续

近年来，国内旅游和出境旅游发展方兴未艾，国内旅游直接与入境旅游在资源获取上相互竞争。在相对收益比较上，入境旅游难以获得更多的关注，在产品开发和相关设施优化上入境旅游仍将面临较大的约束。

2013 年 1—6 月的最新数据显示：我国大陆接待入境游客 6411.16 万人次，同比下降 2.7%，实现入境旅游外汇收入 234.37 亿美元，同比下降 5.52%；国内旅游人数约 16.8 亿人次，同比增长 9.8%，国内旅游收入约 1.26 万亿元，同比增长 13%；出境旅游人数约 4510 万人次，同比增长 17.0%，出境旅游消费约 630 亿美元，同比增长 35%。

三、从发展业绩来看，中国入境旅游正面临求新求变的关键节点

2007 至 2012 年，中国大陆入境游客规模总量保持反复波动的运行模式。2007 年增长，2008 年和 2009 年连续减少，2010 年和 2011 年好转，游客规模持续增长。2012 年出现逆转，入境游客规模减少至 13240.53 万人次，比上一年减少 2.23%。

从市场发展业绩来看，一方面，展现了我国入境旅游发展平稳理性的成熟特征，尽管规模有所起伏，但是波动并不剧烈，增减幅度局限在一个较小的范围内，总体上增长幅度大于下降幅度；另一方面，入境游客规模的起起伏伏，预示着入境旅游发展已然面临求新求变的关键节点，正在积蓄力量寻求突破当前往复震荡的发展空间。

从需求方面看，近几年我国大陆入境旅游主要客源国家（或地区）的结构呈现出较强的稳定性。亚洲周边国家或地区占据最大优势，随后是欧洲、美洲、大洋洲和非洲。各地区所占市场份额长期保持稳定，几乎没有变化。这种稳定的市场结构尽管为入境旅游提供了基本支撑，但也使得投入资源固化，入境旅游客源市场的结构性调整面临较大的阻力。

从供给方面看，近年来国内旅游和出境旅游发展方兴未艾，国内旅游直接与入境旅游在资源获取上相互竞争。在相对收益比较上，入境旅游难以获得更多的关注，在产品开发和相关设施优化上面临较大的约束。

综合以上情况，如果入境旅游业继续保持现有运行状态，在明显的路径依赖下，2013 年入境旅游人数将继续保持现有运行轨迹，在 1.32 亿人次水平小幅震荡；入境旅游外汇收入在 500 亿美元水平上下波动。

最新统计数据显示，2013 年 1—6 月份，我国接待入境游客 6411.16 万人次，同比下降 2.7%，实现入境旅游外汇收入 234.37 亿美元，同比下降 5.52%。

四、从客源构成来看，结构性调整和区域性优化的趋势越发显著

从入境旅游的客源构成看，市场多元化的趋势越发显著。一方面，入境旅

游的客源市场结构整体保持稳定，2012 年赴华入境旅游的前四大客源国依然是：韩国（406.99 万人次）、日本（351.82 万人次）、俄罗斯（242.62 万人次）、美国（211.81 万人次）；另一方面，入境游客的客源市场增长率正在发生一些潜移默化的改变，2012 年赴华入境旅游增长迅速的客源国主要是：越南（113.72 万人次，同比增长 12.99%）、菲律宾（113.72 万人次，同比增长 7.57%）、澳大利亚（77.43 万人次，同比增长 6.63%）、泰国（64.76 万人次，同比增长 6.5%）、法国（52.48 万人次，同比增长 6.43%）、英国（61.84 万人次，同比增长 3.8%）、德国（65.96 万人次，同比增长 3.55%）、印尼（62.20 万人次，同比增长 2.18%）。正是这些看似微不足道的微小变化，推动了入境旅游的远程客源市场与近程客源市场的同步成长，推动入境旅游的新兴客源市场与传统客源市场的同步成长，推动入境旅游逐步进入客源市场的结构性调整和地域空间的结构性优化发展阶段。

2013 年 1—6 月的最新统计数据印证了上述规律性特征。一方面，2013 年 1—6 月，赴华入境旅游的前四大客源国依然是：韩国（190.08 万人次）、日本（139.92 万人次）、美国（106.18 万人次）、俄罗斯（101.95 万人次）；另一方面，2013 年 1—6 月，赴华入境旅游增长迅速的客源国主要是：越南（63.83 万人次，同比增长 18.52%）、印度（34.47 万人次，同比增长 14.26%）、法国（26.85 万人次，同比增长 4.3%）、英国（31.59 万人次，同比增长 3.7%）、菲律宾（50.33 万人次，同比增长 1.96%）、蒙古（48.02 万人次，同比增长 1.64%）。

五、从发展战略来看，“改革红利”将为入境旅游发展提供更为强大的原生动力

党的十八大报告提出两个“百年奋斗目标”：一个是在党成立一百年时全面建成小康社会，一个是在新中国成立一百年时建成富强、民主、文明、和谐的社会主义现代化国家。两个百年目标的“中国梦”，不仅为中国人民带来了政治上的富足，也带来了精神上的富足。伴随着“中国梦”的实现，中国将成为一个现代的中国、文明的中国、百姓幸福的中国。“中国梦”的实现过程，就是世界重新认识中国的过程。20 世纪改革开放以来的“封闭性红利”激发了国际游客来到中国了解“中国是什么”的欲望，而“中国梦”的实现将激发国

际游客认识“中国将变成怎样”的原动力。人民的富裕和国家的强盛，事实上就是为中国的入境旅游做了最好的宣传。在“中国梦”的支撑下，新一轮的“改革红利”将取代曾经的“封闭红利”，为中国入境旅游发展提供更为强大的原动力。

六、从产业要素来看，生态文明建设和“美丽中国之旅”将为入境旅游提供最佳机遇期

新型城镇化的发展将推动城市与农村硬件与软件环境建设，“宜居的才是宜游的”，软硬件设施的建设和完善会为入境旅游发展形成有效支撑，综合交通运输网络建设、接待设施建设、环境保护建设和信息化基础设施建设等一系列公共服务体系与商业接待体系的不断完善，会为入境旅游发展创造更好的外部服务空间。生态文明建设和美丽中国建设也为旅游业发展提供了机遇。优良的生态环境是旅游产业发展的基础，没有好的生态环境，也就没有美的视觉感受和心灵体验。旅游以保护生态环境为前提，同时，旅游业的发展又能促进生态环境的保护。山清水秀但贫穷落后不是美丽中国，强大富裕但环境污染也不是美丽中国。真正的美丽中国应包括历史美、山川美、文化美和人文美，这些都可以通过旅游对外展示。中国人民在享有丰富物质文化生活的同时，将通过大力加强生态建设，展示中华大地“山更绿、水更清、天更蓝、空气更清新、社会更和谐”的美丽形象。

七、从影响因素来看，非经济因素对入境旅游的重要程度显著上升

影响我国入境旅游的经济因素依然是最重要因素，2013 年世界经济形势、我国主要客源地的经济景气程度、我国与客源地的 CPI 和汇率水平等经济因素决定了入境旅游发展的基本面，但其重要性正在下降。我国与客源地的政治、社会和文化风俗等方面的同与不同在入境旅游发展上发挥着较以前更显著的影响力。在入境旅游市场多元化、散客市场持续增长的当下，充分考虑相关因素的产品将会受到市场的欢迎。

由政治事件、社会风波、自然和人为灾害引起的不确定性在多种非经济因

素的烘托下被急剧放大，往往会引起市场的剧烈波动。未来常态化的不确定事件将更加凸显非经济因素对入境旅游的影响力。

第二节 中国入境旅游发展的对策建议

一、坚定发展入境旅游的决心与信心

在新的发展时期，入境旅游发展虽然遭遇了前所未有的挑战，同样也迎来了前所未有的机遇。国家发展入境旅游的决心从未动摇，“中国梦”重新坚定了我们发展入境旅游信心。在“中国梦”的战略支撑下，入境旅游必将以全新的面貌迎来全新的发展，中国必将向世界展现中华民族伟大复兴的系列成就。

二、加快体制机制创新，丰富旅游宣传推广工作模式

在国家层面，不断加大旅游宣传推广工作力度，同时要切实监督各级旅游行政管理机构对外宣传促销的工作绩效。启动优化中国旅游城市海外知名度动态监测项目，并着手构建中国入境旅游宣传促销绩效综合考评工作机制。创新海外参展工作模式，将企业推到宣传推广活动的前沿，推动企业借助政府搭建的平台开展实际业务。鼓励有实力的国内旅游企业“走出去”发展，增强对入境市场招徕与组配经营的主动权。借鉴国际通行经验，探索评选“中国旅游专家”，将国际市场主体引入由政府举办的各项业界推广活动，协助推荐、发展及培训更多了解中国的境外组团社。

在地方层面，调动地方积极性，发挥市场主体作用。进一步发挥旅游市场工作会议的指导作用，统筹部署全国各地区入境旅游市场开发工作，并根据市场变化适时调整。在国家入境旅游市场中长期发展规划的框架下，积极推动有条件的省市区出台发展入境旅游的政策措施并研究制定入境旅游市场开发战略，适时总结推广好的经验和模式。鼓励地方政府对于为入境旅游发展做出突出贡献的单位或个人予以奖励。积极转变政府工作职能，不大包大揽，加快推进体制机制创新，形成“政府主导、行业主体、专业运作”的对外营销机制。

在操作层面，加强市场宣传推广中的部门合作。借助外宣优势和媒体力量，

开展大规模、高规格、有影响的宣传推广活动。加强与文化部门合作，推动在海外宣传上资源共享，共同提升我国文化软实力，在国内共同开发游客喜闻乐见的文化旅游产品。加强与广电部门合作，通过电影、电视、广播、网络等媒介，扩大旅游宣传。加强与铁路、交通、民航等部门合作，在高铁、汽车、轮船、飞机等交通工具上，加大入境旅游广告宣传。加强与银联等金融机构合作，促进入境旅游消费便利化。

在操作层面，加强市场宣传推广中的区域合作。要立足本地资源优势，加强旅游区域合作，共同打造面向入境市场的区域整体品牌，提升入境旅游产业水平，构建特色鲜明、优势互补、充满活力的区域旅游推广合作格局。支持长三角、珠三角、环渤海、粤港澳、海峡两岸发挥联合推广的示范作用。支持通过区域合作，重点推出长江旅游带、黄河旅游带、古运河旅游带、丝绸之路、青藏铁路沿线、京沪高铁沿线、京港澳高铁沿线、武陵山区、北部湾、大香格里拉等精品旅游线路。

三、从战略高度系统营销“美丽中国之旅”

“美丽中国之旅”已正式确定为中国旅游整体形象。各地要围绕这一整体形象认真做好旅游宣传推广工作，在把“美丽中国之旅”打造成中国旅游核心品牌的同时，实现我国入境旅游的有效营销，增强中国旅游在国际市场上的品牌吸引力和核心竞争力。

在国家层面，国家旅游局积极推进“美丽中国之旅”工作方案。在国家旅游局牵头参加的国际旅游展、专项促销活动以及驻外办事处牵头参加的国际旅游展中重点推介“美丽中国之旅”；在2013中国国际、国内旅游交易会中突出宣传“美丽中国之旅”；利用旅游与外宣、文化等战略合作平台，旅游多双边国际交流合作机会以及中国旅游海外推广网站等渠道加强对“美丽中国之旅”的宣传推介。

在地方层面，各地要结合工作实际，积极参与国家层面的旅游整体形象推广活动，配合做好“美丽中国之旅”宣传品制作、联合广告投放、精品线路设计、新产品开发等具体工作。按照中国旅游整体形象宣传推广的总体要求，结合各地实际情况，认真组织宣传推广工作。特别是要充分利用现有大型节事活动，本部门、本地区现有旅游宣传平台，如网站、报纸、户外广告等，强化对

"美丽中国之旅"品牌的宣传推广。各地在海外开展各项旅游交流合作活动时，制作、发行、发放各种海外旅游宣传品等，都要使用"美丽中国之旅"标志，共同打造中国旅游整体形象。

四、对境外细分市场实施差异化推广战略

针对日韩、俄罗斯、东南亚、西欧、北美、大洋洲及港澳台等重点境外市场，要细分市场需求特征，不断优化提升传统观光产品，强调旅游服务品质；加快培育商务会展、休闲度假、民俗文化、修学教育等旅游产品，提高重游率和旅游消费；扩大对公众的宣传，并根据不同市场特点，打造相应的旅游主题形象，定制专业旅游服务和信息服务。

针对东欧、南亚、中东、中亚等入境旅游新兴市场，要统筹产品开发和形象宣传，重视穆斯林地区、斯拉夫文化地区和印度市场的市场调研和产品开发，加强与当地大型旅游批发商和主流媒体的渠道建设，着力扩大市场规模，促进有条件的市场上升为重点市场。

针对南美、非洲等入境旅游潜在市场，要以市场研究为基础，加强与商贸文化等部门合作，适当投入广告，提高其对中国旅游的认知度与认同度，努力将有条件的潜在市场培育成新兴市场，将潜在旅游需求转化为现实旅游消费。

五、逐步推进行政与市场分离的改革进程

政府职能转变：通过专业性，增强领导力。伴随着公共服务型政府的建设，旅游主管部门在入境旅游领域的管理职能须日益聚焦于宏观层面的规划引导、对内的统筹指导和对外的宣传推广。要在认真研究国内外发展经验的基础上理性地编制国家入境旅游发展的谋划规划。要探索将国家旅游形象作为国家形象的重要载体，加强对外宣相关部委的统筹能力。要以旅游推广绩效的评估以及搭建统一的推广平台为工作重点，强化对地方旅游部门的统筹力度。在未来的工作中借鉴美国旅游协会、日本观光公社、法兰西之家等机构的操作模式，成立"国家旅游推广中心"，将工作的主体从政府向市场化的专业机构过渡，充分发挥专业机构的积极性和主动性，让专业的机构做专业的事情。在以政府为主导的推广体系向市场主导的营销体系转变过程中，还需要关注市场渠道的搭

建，包括在既有的体制框架下，推进驻外办事机构的专业化转型，以市场化方式考核并借此提高驻外办的工作绩效等，逐步将对外宣传机构推向市场，在市场上接受检验。同时，还要积极谋求与国外机构开展合作，引导国内地接社主动寻求与境外组团社，尤其是大型组团社的合作。

市场推广重点：美丽的中国，真实的中国。在新的形势下，市场推广要有新的侧重。只有告诉境外游客一个真实的中国，才能够真正地打动游客。因此，宣传的重点要从传统的资源转向现代的生活方式，从原有的景区景点转向城市旅游目的地。要让更多的境外游客来到中国以后，能够在菜市场、超市、电影院、歌剧院等地方真实地触摸感受到中国老百姓的日常生活。要用 Twitter、Facebook、微博等新媒体来宣传中国，用客源地老百姓听得懂的话和最喜闻乐见的方式推广中国，以润物细无声的方式实现宣传的作用。要向境外游客传递一种声音——中国需要你来，中国更值得你来！与此同时，以商业理性评估营销实践，让市场检验旅游营销工作的实际效果，真正实现推广模式的转变。

六、逐步推进免签、免（退）税、航权开放等优惠政策

为实现我国入境旅游的健康有序发展，国家旅游主管部门和相关部委已经做了大量工作，在签证政策、免税政策等方面提出了有益的思路。未来需要在深入调研的基础上，逐步推进相关政策的制定和实施。主要包括：

一是研究制定面向入境游客的新签证政策，简化签证办理手续，优化入境游客入境的“准入政策”。

二是研究并适时推广入境旅游免（退）税政策的试点化改革，以免（退）税为吸引力和增长点，优化入境游客入境的市场购物环境和市场秩序。

三是通过探索开辟新航线和梯级化层次放开部分新航权，全面优化我国热点旅游城市同主要客源国之间的航空交通可达性。

责任编辑：孙延旭

图书在版编目(CIP)数据

中国入境旅游发展年度报告. 2013 / 国家旅游局旅游促进与国际合作司，中国旅游研究院著. -- 北京 : 旅游教育出版社，2013.11

ISBN 978-7-5637-2795-7

Ⅰ. ①中… Ⅱ. ①国… ②中… Ⅲ. ①旅游客源—研究报告—中国—2013 Ⅳ. ①F592.6

中国版本图书馆 CIP 数据核字(2013)第 240131 号

中国入境旅游发展年度报告 2013

国家旅游局旅游促进与国际合作司

中国旅游研究院

出版单位	旅游教育出版社
地　　址	北京市朝阳区定福庄南里 1 号
邮　　编	100024
发行电话	(010)65778403 65728372 65767462(传真)
本社网址	www.tepcb.com
E-mail	tepfx@163.com
印刷单位	北京中科印刷有限公司
经销单位	新华书店
开　　本	787 毫米×1092 毫米　1/16
印　　张	10.5
字　　数	142 千字
版　　次	2013 年 11 月第 1 版
印　　次	2013 年 11 月第 1 次印刷
定　　价	53.00 元

(图书如有装订差错请与发行部联系)